NATHALIE SCHMIDT

ENERGIE
IM MENSCHLICHEN LEBEN

ENERGIEMANGEL VORBEUGEN
UND AUSGLEICHEN

Schirner
Verlag

Abbildungen

Abbildung auf den Seiten 10, 32, 123, 124, 162: # 29800339 (© mozZz),
www.fotolia.de

ISBN 978-3-8434-1072-4

Nathalie Schmidt:
Energie im menschlichen Leben
Energiemangel vorbeugen
und ausgleichen
© 2012 Schirner Verlag, Darmstadt

Umschlag: Murat Karaçay, Schirner,
unter Verwendung von # 31649747
(© Uladzimir Bakunovich), www.fotolia.de
Redaktion & Satz: Sandra Frey, Schirner
Printed by: OURDASdruckt!, Celle, Germany

www.schirner.com

1. Auflage August 2012

Inhalt

Vorwort

Energie ist der Schlüssel für ein glückliches,
wunderschönes und erfülltes Leben.

Natürlich schreibe ich dieses Buch in allererster Linie für mich selbst. Ich schreibe es jedoch auch für alle anderen Menschen. Ich schreibe es für Menschen, die spüren, dass etwas in ihrem Leben nicht so ist, wie es sein sollte. Ich schreibe es für Menschen, die immer nur an andere denken und dabei sich selbst vergessen. Ich schreibe es für Menschen, die sich energetisch von anderen Menschen aussaugen lassen.

Aber ich schreibe es auch für Menschen, die ständig niederge-schlagen sind, die meinen, alle anderen machten ihnen das Leben schwer und sie wären die einzigen, denen es schlecht ginge. Ich schreibe dieses Buch für Menschen, die seit Jahren mit viel zu wenig Energie durch das Leben gehen. Selbst wenn diese Menschen sämtliche Energie aus ihrem Umfeld an sich zögen, würde diese ihnen niemals reichen, denn sie ist nicht ihre eigene und hat daher auch nur einen geringen Effekt.

Ich schreibe dieses Buch für diese Menschen, weil ihr Zustand sie auf Dauer krank machen wird. Viel zu viele Menschen leben tag-täglich nur ihre Probleme und verlieren die Schönheit des Lebens aus den Augen. Viel zu viele Menschen sehen nur das Schlechte auf dieser Welt. Sie sehen nur die eine – negative – Seite, und jedes Mal, wenn die positive Seite in ihrem Blickfeld erscheint, verschließen sie die Augen. Jahrelang leben sie auf diese Weise, jahrelang schaut das Schicksal zu, doch irgendwann schlägt es zurück. Und dieser Schlag ist meistens hart.

Es gibt viele Erkrankungen, die solch negativ denkende Menschen in ihr Leben ziehen. Es gibt viele verschiedene Schicksale, die diese Art von Mensch erleiden kann, doch eines der schlimmsten ist eine Erkrankung, die von innen kommt und den eigenen Körper immer mehr zerstört, bis zum bitteren und schmerzhaften Ende.

Energie ist der Schlüsselbegriff in diesem Buch. Ich verrate Ihnen den Grund dafür: Energie ist Leben. Ohne Energie gibt es überhaupt kein Leben. Energie ist alles oder nichts. Energie ist die Basis unserer Existenz. Energie ist der Ursprung allen Lebens. Energie ist die Basis von allem, was war, was ist und was je sein wird.

Energie *ist*.

TEIL I

ENERGIE IM LEBEN

Energie – Spiegel der Seele

Energie ist die Basis unseres Lebens,
denn das Leben selbst ist reine Energie.

Energie ist die Grundlage unserer Umwelt, von Pflanzen und Tieren. Energie ist alles um uns herum. Ohne Energie funktioniert in dieser Welt überhaupt nichts.

Energie ist die Basis von allem, was ist.

Wenn Sie einen Gedanken formen, ist dieser reine Energie. Wie eine unsichtbare Wolke schwebt er von Ihnen weg in die Welt hinaus. Jedes Wort, das Sie sagen, und jede Tat, die Sie vollbringen, ist Energie.

Energie ist einfach alles.

Wir Menschen machen uns meist keine Gedanken, welche Auswirkungen es hat, wenn wir Energie aussenden in eine Welt, die voll ist von fremder Energie. Wir denken nicht darüber nach, was passiert, wenn wir dieses Wort aussprechen oder jene Tat vollbringen. Die meisten Menschen meinen, dass dies keinerlei Auswirkung auf sie hätte, doch damit irren sie sich gewaltig.

So, wie wir mit unserer Energie andere beeinflussen,
werden auch wir von fremder Energie beeinflusst.

Ständig findet ein Austausch der Energien statt. Ständig verändert sich die Energie um uns herum, und auch unsere Energie ist ständigen Veränderungen unterworfen. Egal was wir tun, wir beeinflussen alles um uns herum, wir beeinflussen unsere gesamte Umgebung und auch uns selbst.

Nichts im Leben hat mehr Einfluss auf uns als unsere Energie.

Daher ist auch nichts im Leben bedrohlicher für uns als Energien, derer wir uns nicht bewusst sind. Energie ist das mächtigste Instrument des Menschen, denn er ist in der Lage, durch Energie alles zu erreichen, was er möchte. Doch viele Menschen wissen davon nichts, weswegen sie scheinbar viele Hürden zu nehmen haben. Die Dinge scheinen bei den meisten Menschen nicht so zu funktionieren, wie sie es gerne hätten. Jedoch geschieht immer alles genau so, wie sie es »bestellen«, denn es sind die Menschen selbst, die unbewusst dafür sorgen, dass alles so ist, wie es ist. Es sind die Menschen selbst, die für ihr Leid und Elend sorgen.

**Es sind die Menschen selbst,
die mit ihrer Energie falsche Dinge in ihr Leben ziehen.**

Es ist nicht das Außen für die Probleme eines Menschen verantwortlich, sondern die Energie, die der Mensch sendet. Lernen Sie daher, die Energie zu kontrollieren. Lernen Sie, sich selbst zu kontrollieren, denn alles andere bringt Sie niemals weiter. Kontrollieren Sie sich, kontrollieren Sie Ihre Gedanken, Ihre Worte und Ihre Taten, und Sie kontrollieren Ihre Energie und damit Ihre Welt. Ist Ihre Welt gut und schön, ist es auch die Energie, die Sie aussenden. Ist Ihre Welt schlecht und voll Leid, dann ist es auch Ihre Energie.

**Der Mensch sendet seine Energie in die Welt,
und die Welt sendet auf der gleichen Frequenz zurück.**

Zeiten mit erhöhtem Energiebedarf

Im Laufe des Lebens stößt der Mensch des Öfteren an gewissen Grenzen, durch die er gezwungen wird, sich selbst in seiner Welt neu zu finden.

Es gibt Lebensphasen, in denen ein Mensch einen erhöhten Bedarf an Energie hat. Dies ist immer dann der Fall, wenn eine Neuorientierung im Leben stattfindet.

Diese Phasen sind gekennzeichnet durch große Umstrukturierungen und starke Veränderungen. So etwas kostet jeden Menschen viel Kraft und Energie. Diese Phasen gehen an niemandem spurlos vorüber. Jede massive Änderung im Leben öffnet das Energiesystem, und die Lebenskraft kann leichter entschwinden. Durch den Energieverlust fällt der Mensch in ein energetisches Loch, und viel Negatives überschwemmt ihn in dieser schwierigen Zeit. Dadurch sinkt er noch tiefer und stößt an noch mehr Grenzen, die er überwinden muss.

**Der starke Abfall des Energielevels ist der Anstoß
für eine wichtige Weiterentwicklung im Leben.**

Erst wenn wir absolut am Boden sind, können wir wieder aufstehen und neu beginnen. Nur wenn wir an einem bestimmten Punkt ankommen, merken wir, dass wir in einer Sackgasse gelandet sind und unseren Kurs radikal ändern müssen.

**Ohne Tiefpunkte im Leben
würden wir uns nicht weiterentwickeln.**

Wir würden einfach an Altbekanntem festhalten, auch wenn es uns nicht guttut. Erst durch den enormen Druck durch bestimmte Situationen oder das Leben selbst wollen wir endlich eine Veränderung vollziehen und die nächste Stufe der Entwicklung betreten.

Pubertät

Eine typische Phase für erhöhten Energiebedarf und massive Probleme ist die Pubertät. Hier machen viele Jugendliche eine radikale Entwicklung durch. Sie wollen teilweise mit aller Gewalt die starken Grenzen ihrer Eltern durchbrechen und selbst auf der Seite der Grenzensetzer stehen. Der junge Mensch ist in dieser Zeitspanne oftmals gezwungen, sein Weltbild und seine Gedanken vollkommen zu ändern, um die ersehnte Freiheit zu erlangen. Diese Zeit kostet den Jugendlichen viel Kraft. Auch die Eltern des Jugendlichen, die nun einen Halberwachsenen vor sich haben, der nicht mehr nur nach ihren Regeln leben will, brauchen viel Energie. In dieser Phase sollten die Eltern unbedingt an die Förderung ihres Kindes denken und es nicht nur einschränken. Grenzen sind wichtig und notwendig, aber auch der Freiraum zur eigenen Entwicklung muss gewährleistet sein. Eltern sollten hier an ihre eigene Jugend zurückdenken und sich erinnern, wie blockiert sie sich damals gefühlt haben. Auch wenn die Zeiten sich von damals auf jetzt stark gewandelt haben, ist dies kein Argument, sein Kind nicht verstehen zu können oder zu wollen. Wichtig sind allein die Empfindungen, die ein Jugendlicher durchlebt.

Die Empfindungen, die ein Jugendlicher durchlebt, ändern sich nie, egal in welcher Epoche man lebt.

Erwachsene sollten sich eine positive Entwicklung für ihre Kinder wünschen und alles in ihrer Macht Stehende dafür tun. Die Eltern geben die Melodie vor, die Kinder spielen sie.

Zeitraum nach dem ersten Verliebtsein

Eine weitere Phase großer Energieverluste ist der Zeitraum nach dem ersten Verliebtsein, wenn man sich an einen festen Partner gewöhnen muss und sich zwei Individuen zu einem Paar zusammenfinden. In dieser Phase gibt es viele Höhen und Tiefen. Wichtig ist hier, dass beide Partner auf einer Ebene stehen und nicht einer dem anderen ständig die Energie entzieht.

Zieht einer der beiden Partner ständig den Kürzeren, dann fehlt ihm die Energie zur Weiterentwicklung.

Der energetisch Stärkere mag sich vielleicht erst einmal gut fühlen, doch irgendwann ist sein Partner dann für ihn langweilig und uninteressant geworden, oder er hält das Energiedefizit auf Dauer nicht durch und rebelliert gegen den Energieraub. Eine Beziehung, in der nicht beide Partner energetisch gleichberechtigt sind, kann auf dieser Basis nicht von Dauer sein.

Das erste Kind

Bekommt ein Paar das erste gemeinsame Kind, gibt dies zunächst einen hohen Energieschub. Beide Partner schweben auf Wolke sieben und bewundern das Ergebnis ihrer Liebe. In der Anfangsphase ist alles noch neu und schön. Doch irgendwann holt einen der Alltag wieder ein, und das Kind zehrt am Energiehaushalt. Plötzlich ist man nicht mehr unabhängig, denn man hat Verantwortung übernommen. Die persönliche Freiheit ist vorerst verloren gegangen, und beide Elternteile sind nicht mehr nur ein Paar, sondern in erster Linie Eltern, die Rücksicht auf ihr Kind nehmen müssen. Die Nächte werden kürzer, die Ruhephasen verschwinden, und der Alltagsaufwand nimmt enorm zu.

**Besonders junge Mütter verlieren oft einen Großteil
ihrer Energie zugunsten ihres Nachwuchses.**

Zwischen vierzig und fünfzig

Im Alter zwischen vierzig und fünfzig Jahren erleben die meisten Menschen ebenfalls Energiedefizite. Kann man sich mit dem zunehmenden Alter nicht arrangieren, dann geht viel Lebenskraft verloren. Immer wenn man sich gegen etwas auflehnt, öffnet man sein Energiesystem und sorgt so für Verluste.

Menopause

Ähnlich verhält es sich mit der Menopause. Viele Frauen können sich nicht gut mit dem Verlust ihrer Fortpflanzungsfähigkeit abfinden. Sie lehnen sich insgeheim dagegen auf, angeblich nicht mehr jung, attraktiv und begehrenswert zu sein. Doch dies ist nur ein Trugschluss. Die Menopause ist ein ganz natürlicher Vorgang. Sie sorgt zwar für Veränderungen im Hormonhaushalt, aber dies ist nichts Schlechtes, sondern ein natürlicher Bestandteil des Lebens einer Frau. Je mehr Probleme eine Frau mit ihrer Menopause hat, desto mehr energetische, körperliche und seelische Schwierigkeiten entwickeln sich daraus. Jede Phase im Leben hat auch ihre Vorzüge, man muss sie nur sehen.

Trauerphase

Der Verlust eines nahestehenden Menschen kostet Energie.

Vor allem, wenn ihr Lebenspartner für immer gehen musste, schaffen es viele Menschen nicht mehr, auf die Beine zu kommen. Ihr Energiepegel sinkt rapide ab, und gerade bei älteren Menschen steigt er oft nie wieder an. Dass ein Partner dem anderen innerhalb eines Jahres in den Tod folgt, ist bei lang andauernden Beziehungen nichts Ungewöhnliches. In so einem Fall tankt der zurückgebliebene Partner keine neue Energie mehr, und sein Körper gibt sich genauso auf, wie es die Seele vorgemacht hat. Selbst wenn der zurückgelassene Partner nicht stirbt, erholt er sich in vielen Fällen nie wieder richtig von dem starken Verlust. Er lebt dann mit einem viel niedrigeren Energieniveau weiter, was sich seelisch und körperlich bemerkbar macht.

Je enger die Bindung der beiden Partner war, desto mehr läuft der zurückgebliebene Partner Gefahr, in ein seelisches und energetisches Loch zu fallen.

Tipps zum Thema Energiebedarf

In all diesen Lebensphasen hilft nur eines, um einen hohen Energieverlust zu vermeiden: das Annehmen und Akzeptieren der unvermeidlichen Situation.

Vergessen Sie nicht, dass alles Rebellieren, alles Kämpfen, jeder Ärger und jeder Frust nur die Schleusen Ihres Körpers öffnet, aus denen Ihre Energie entweichen kann.

Diese kostbare Energie, die Sie verschwenden, verlässt für immer Ihren Körper. Sie verpufft einfach. Die einzigen Möglichkeiten, die Ihnen nun bleiben, sind der Aufbau und das Tanken von neuer Energie, um wieder heil zu werden.

Warum etwas verschwenden, was Ihnen gehört? Warum den schwierigeren Weg gehen anstatt den leichten? Warum die wertvolle Lebenskraft verlieren, wenn es auch anders geht? Am Ende kommen Sie zu genau dem gleichen Ziel, doch der Weg dorthin ist entscheidend.

Der eine Weg kostet Sie Kraft, Energie und noch vieles mehr. Der andere Weg ist das Annehmen der Situation, ohne dabei Energie zu verlieren.

Energiequellen

Die Energie ist in unserer Welt so weitverbreitet,
dass es normalerweise keinen Energiemangel geben dürfte.

Alles um uns herum ist Energie, daher ist auch alles um uns herum eine potenzielle Energiequelle.

Ich betone hier das Wort »normalerweise«, denn viele Menschen durchleben immer wieder sogenannte Energietiefs, oder ihr Energiehaushalt ist über eine längere Zeitspanne im Defizit. Das Defizit kann dabei unterschiedlich stark ausgeprägt sein.

Die meisten Menschen sind sich ihres energetischen Defizits nicht bewusst, sondern leben ihr Leben einfach auf Sparflamme.

Natur

Eine der wichtigsten Energiequellen ist die Natur mit all ihren Schätzen. Eine unberührte Landschaft vermag einem Menschen Kraft und Stärke zu verleihen wie kaum eine andere Quelle.

Je weniger Störungen der Mensch in seinem Energiesystem hat, desto mehr Energie kann er aus der Landschaft auftanken. Hier gibt es verschiedene Möglichkeiten, die Natur als Energiequelle zu erleben: ein Spaziergang durch den Wald, eine Wanderung über Wiesen und Felder, der Blick von dem Gipfel eines Berges hinab ins Tal, ein rauschender Wasserfall in den Bergen, ein idyllischer See im Grünen, ein plätschernder Bach, Formationen aus Stein, Muster im Sand der Wüste, einzeln stehende große Bäume, ein Blumenmeer, raschelnde Laubwälder im Wind, das satte Grün des Dschungels und so weiter.

Am besten sucht man diese Plätze allein auf und verweilt eine Zeit lang, bis man sich erfrischt und gestärkt fühlt. Ist man mit anderen Personen zusammen, sollte man in möglichst kleinen Gruppen bleiben und auch auf Phasen der Stille bestehen.

Wichtig zum Auftanken der kostbaren Energie
ist das Aufnehmen der Natur um sich herum
mit allen zur Verfügung stehenden Sinnen.

Lauschen Sie dem Zwitschern der Vögel, dem Rauschen der Blätter, dem Heulen des Windes, dem Klopfen der Regentropfen an die Fensterscheibe, dem Plätschern des Baches, dem Rauschen der Wellen, dem Zirpen der Grillen, dem Heulen wilder Tiere in der Ferne, oder genießen Sie einfach nur die Stille um sich herum.

Riechen Sie den Duft des Waldes, der Blumen, der Erde und des Regens, den Duft der salzigen Luft am Meer, den Geruch nach Fisch, den Duft der Sonne. Riechen Sie die Feuchtigkeit nach einem Regentag, die Frische der Atemluft.

Fühlen Sie das Streicheln des Windes, die Wärme der Sonnenstrahlen, die Schwere der einzelnen Regentropfen auf Ihrer Haut, fühlen Sie die Luft, die durch Ihr Haar fährt, die kühlen Grashalme, durch die Ihre Füße wandern, spüren Sie die Kühle der Erde, die Ihren Körper trägt. Fühlen Sie die kalten Schneeflocken in Ihrem Gesicht, die kühle Luft, die über Ihren Körper streicht. Fühlen Sie das zarte

Streicheln der Äste, wenn Sie an Bäumen vorbeigehen, die Stärke, die von alten Bäumen ausgeht.

Sehen Sie sich um. Sehen Sie die Schönheit der Natur, die Pracht dieser Erde. Sehen Sie die unendliche Vielfalt an Farben und Formen. Sehen Sie die Schattierungen von Licht und Dunkel, das Glitzern der Sonne auf dem Wasser, den Glanz der Sonne auf den grünen Blättern, das tiefe Braun der Erde, die Farbenpracht der Blumen, die Vielfalt an Tieren und Pflanzen.

Erkennen Sie den Reichtum um sich herum. Mutter Natur ist einzigartig in ihrer Vielfalt und Pracht. Der Mensch kann ihr niemals gerecht werden. Alles, was der Mensch erfindet, ist in der Natur seit vielen Jahren vorhanden. Alles, was der Mensch erschafft, ist nur eine Kopie der Natur. Alles besteht schon seit vielen Tausend Jahren, und es bestand schon Jahre, bevor wir auf diese Erde gelangt sind. Es wird auch noch Jahre danach existieren, wenn wir diese Erde verlassen haben.

Die Natur ist ein Meisterwerk an Schönheit und Energie.

Es ist der Mensch, der meint, es wäre nicht genug. Es ist der Mensch, der meint, er brauchte dieses und jenes. Doch in Wirklichkeit brauchen wir nichts weiter als das, was um uns herum seit Jahrtausenden besteht. Naturvölker wissen dies, und sie schätzen den Reichtum dieser Erde. Sie achten ihre Umgebung. Sie geben Mutter Erde Liebe und Dankbarkeit für alles, was sie ihnen schenkt. Sie sind mit dem zufrieden, was sie haben. Sie lieben ihre Umgebung und die Erde. Diese Menschen sind in Wirklichkeit viel reicher, als es der westliche Mensch je sein kann. Sie fühlen eine Verbindung zu

Mutter Natur. Sie spüren die Kraft und Energie, die in der reinen Natur zu jeder Zeit vorhanden ist, und sie nutzen diese Energie. Sie sind ein Teil dieser Energie. Sie haben nicht den Bezug zu ihr verloren. Der westliche Mensch ist oft so in seine Gedanken und Probleme vertieft, dass er blind und taub durch das Leben läuft. Er sieht den Reichtum nicht, der ihn umgibt. Er hört das Flüstern des Windes, der Bäume, der Berge und der Flüsse nicht. Er fühlt die Liebe zur Natur nicht. Er fühlt die Energie nicht, die immer da ist und niemals versiegt.

Es ist nicht so, dass wir alle unser modernes Leben komplett aufgeben sollten. Aber jeder sollte die Dinge, die ihm das Leben erleichtern, auch schätzen und sich ihrer erfreuen, anstatt immer mehr Luxusgüter besitzen zu wollen. Sicherlich kann der Mensch daran arbeiten, sich mehr leisten zu können, aber er sollte dabei den Dank für die vielen kleinen Dinge des Lebens nicht aus den Augen verlieren. Er sollte sich über einen kleinen Garten freuen, über einen schön bewachsenen Balkon oder einen gemütlichen Hinterhof mit großen Bäumen. Jeder kann sich an einer Zimmerpflanze erfreuen, die jedes Jahr zur selben Zeit blüht. Man kann sich an der Umgebung erfreuen, in der man lebt. Dies alles spendet Energie.

Nahrungsmittel

Die Natur sorgt zusätzlich für unseren Energiehaushalt, indem sie uns mit Nahrung versorgt. Je natürlicher die Nahrungsmittel sind, die wir zu uns nehmen, desto mehr Energie erhalten wir durch sie. Synthetisch hergestellte Nahrung kann niemals gleichwertig sein, denn ihr fehlt der hohe Energiegehalt von natürlichen Lebensmitteln (hier sind nicht die Kalorien gemeint). Ansonsten gilt ebenfalls der Grundsatz:

Je frischer Nahrungsmittel sind,
desto mehr Energie enthalten sie.

Durch den Prozess des Haltbar-gemacht-Werdens gehen nicht nur die Vitamine verloren, sondern auch die Lebensenergie der Nahrungsmittel reduziert sich deutlich. Biologisch erzeugte Produkte sind energetisch gesehen ebenfalls wertvoller als konventionelle.

Schade ist, dass viele Menschen den Genuss am Essen verloren haben. Sie würzen ihr Essen zu stark, wodurch der eigentliche Geschmack des Lebensmittels verloren geht. Sie essen zu schnell und schmecken dabei meist gar nicht mehr, was sie auf dem Teller haben. Sie essen nicht mehr bewusst, denn das Essen ist für sie eine Selbstverständlichkeit geworden.

Jedes Nahrungsmittel, das auf unserem Teller liegt,
ist ein Geschenk an Energie und Kraft.

Es ist ein Geschenk für unsere Sinne, für unsere Geschmacksnerven, für unseren Gaumen und für unsere Augen. Der rote Apfel, in den Sie beißen, ist ein Geschenk von einem Baum, der jahrein, jahraus damit beschäftigt ist, ein Wunder der Natur zu erschaffen. Der Baum verschenkt jedes Jahr seine Äpfel an seine Umgebung. Jedes Jahr blüht er in voller Pracht und duftet herrlich, um uns im Herbst reichlich mit knackigen, saftigen Äpfeln zu versorgen. Der Apfel ist ein Geschenk dieses Apfelbaums an jeden, der in den Apfel beißt. Doch der gewöhnliche Mensch schenkt dem Baum meist nicht einmal Dankbarkeit dafür, denn er macht sich keine Gedanken darüber, woher der Apfel kommt, wer ihn erschaffen hat und wer ihn ihm geschenkt hat.

Der gewöhnliche Mensch legt ein Stück Metall auf den Tisch, welches Geld genannt wird, und hält den Apfel für eine Selbstverständlichkeit, schließlich hat er dafür bezahlt. Doch er hat nichts dem Baum gezahlt, nur dem Menschen, der den Baum für sein Eigentum hält, weil der Apfelbaum auf seinem Grund und Boden steht, für den er vor Jahren ebenfalls bezahlt hat. Doch dieses Land existierte schon lange vor dem Obstbauern, und wenn der Obstbauer nicht mehr ist, wird dieses Stück Land auch noch bestehen.

Mit welchem Recht sehen die Menschen den Baum und die Äpfel als eine Selbstverständlichkeit an? Mit welchem Recht kaufen sie ein Stück Land und sagen »Das ist meins«? Trotz allem produziert der Baum – und nicht die Menschen – Jahr für Jahr Äpfel, und der Obstbauer verkauft sie dann. Sollten wir Menschen dem Baum nicht ein wenig mehr Achtung, Liebe und Dankbarkeit entgegenbringen?

Pflanzen

Jeder Baum, jeder Strauch, jede Blume ist eine Quelle an Energie. Die zarten Pflanzen, die jeden Frühling mit einer unermüdlichen Kraft aus der Erde stoßen, fast täglich sichtbar wachsen und gedeihen und uns das ganze Jahr mit den schönsten Farben verzaubern und erfreuen, die Blumen, die unsere Natur verschönern und im Wind hin und her schwanken und der Natur jedes Jahr trotzen, bis der Zeitpunkt des Winterschlafes kommt, haben eine Lebendigkeit und Stärke in sich, ohne fest und hart zu sein. Sie sind weich und zart und bersten nur so vor Energie und Kraft. Ihre Blütenköpfe sind oft ein Gebilde aus vielen zarten Teilen und verschiedensten Farbmustern. Oft verströmen sie zusätzlich die wundervollsten Düfte. Sie blühen jedes Jahr, um unsere Sinne zu erfreuen. Sie schenken uns so viel Farbe in unserem tristen Leben, so viel Wandel und Abwechslung von Monat zu Monat oder von Woche zu Woche.

Blumen zeigen uns, wie traumhaft schön und reich unser Leben in Wirklichkeit ist.

Wasser

Wasser ist eine besonders starke Quelle an Energie.

Dieses kostbare Element ist sehr wichtig für das menschliche Überleben, denn ein Großteil unseres physischen Körpers besteht aus Wasser. Nichts vermag einen müden, erschöpften Körper in der Hitze des Sommers mehr zu beleben als klares Wasser. Wasser ist für uns wie ein Lebenselixier. Der Mensch braucht es genauso für Innen wie für Außen. Die Dusche am Morgen vermag einen müden, verschlafenen Menschen aus seiner energetischen Starre zu holen und wieder tatkräftig den Tag beginnen zu lassen. Nach einem harten körperlichen Arbeitstag ist eine warme Dusche Balsam für die Seele. Das Wasser, das dabei über den Körper fließt, reinigt den Körper von außen und von innen. Mit dem Wasser werden außer Schmutz auch negative Energien weggespült. Nicht umsonst ist der erste Weg nach einem gewalttätigen Übergriff oft der Weg unter die Dusche.

Wasser in der Natur ist eine sehr stark inspirierende Kraft.

Indem wir dem Wasser, das sich seinen Weg durch die Erde bahnt, mit unseren Augen folgen, spüren wir, wie etwas von seiner Kraft auf uns übergeht. Das Wasser zeigt uns, dass alles möglich ist, wenn wir uns nur genügend für unseren Weg einsetzen. Das Wasser findet immer seinen Weg, und auch wir können immer unseren Weg finden. Wasser ist sehr schwer aufzuhalten. Es liebt die Freiheit und geht oft stur seinen eigenen Weg, ohne die ihm auferlegten Grenzen zu beachten.

Das Wasser eines Sees, das den einen Tag wie eine spiegelglatte Oberfläche erscheint und am anderen Tag in großen Wellen hin und her schwappt, der kleine Bach, der im Herbst dünn dahinplätschert und sich im Frühling in einen reißenden Fluss verwandelt, das Meer mit seinen Gezeiten und seinen wechselnden Seestärken – das Wasser hat so viele verschiedene Facetten. Niemals ist es gleich, es lebt von der Veränderung. Es verfügt über eine ungeheure Kraft und kann dennoch sanft und zart sein. Das Wasser vermag den Menschen immer wieder neu zu beleben, und dennoch ist es auch in der Lage, ihn zu vernichten. Wasser ist reine Kraft und pure Energie.

Auch mit Energie muss der Mensch umgehen können.

Zu viel Energie auf einmal ist immer schädlich. Dennoch können wir nicht darauf verzichten, genauso wenig wie wir auf Wasser verzichten können. Ein künstliches Schwimmbad enthält ebenfalls Wasser, doch durch die Mengen an Chemikalien, die ihm zugesetzt sind, enthält das Wasser weniger Energie.

Steine

Steine sind überall auf unserer Erde. Es gibt kleine Steinkörner wie Sand und Kieselsteine, Steine in der Größe eines Eis, Felsbrocken und ganze Bergketten aus Stein. Stein ist in Form und Farbe ebenso vielfältig wie die Pflanzenwelt. Viele Steine erscheinen auf den ersten Blick hässlich und grau, dabei glitzern und funkeln sie im Inneren in den verschiedensten Farben. Manche Formen sind gewöhnlich, andere geradezu fantastisch. Steine gibt es bereits seit Jahrtausenden. Sie können Geschichten erzählen von den Menschen, die über ihre Oberfläche gegangen sind und eine kurze Zeit ihre Energie gestreift haben. Steine sind sehr beständig. Sie sind ein guter Speicher für Energie. Menschen können Steine prägen. Man kann sie als Quelle der Kraft nutzen. Edelsteine haben ganz spezifische Wirkungen auf den Menschen, der sie trägt oder bei sich hat. Aber auch normale Steine können einen positiven Einfluss auf den Menschen haben. Dieser Einfluss liegt an der Energie, die der Stein ausstrahlt.

Stein ist eine nie versiegende Quelle an Energie.

Allerdings können sich außer positiven Energien auch negative Energien in einem Stein festsetzen. Um diese wieder in positive Energien umzuwandeln, ist ein reinigendes Ritual notwendig.

Luft

Wir brauchen ständig Luft, um unseren Körper mit Sauerstoff zu versorgen. Ohne Sauerstoff können wir nicht leben. Doch abgesehen von Sauerstoff versorgt uns die Luft auch noch mit Energie. Überall, wo auf unserer Welt scheinbar nichts ist, ist Luft – außer natürlich in einem Vakuum. Luft ist überall um uns herum. Im Prinzip ist auch unsere Aura Luft um uns herum.

**Da die Aura unser energetisches Umfeld ist
und die Energien sich sehr weit von unseren Körpern
entfernen können, ist die Luft voller Energie.**

Jede Art von Energie, die von Menschen, Tieren und Materie abgestrahlt wird, ist gleichzeitig Luft. Philosophisch gesehen könnte man behaupten, dass Luft Energie ist, die unter anderem mit Sauerstoff vermischt ist.

Die Luft in Großstädten ist mit mehr menschlichen Energien angereichert als die Luft auf dem Land. Dabei sind nicht alle Energien positiver Natur.

**In großen Menschenmengen kann man sich als sensible Person
leicht schlechte Energien einfangen.**

Auf dem Land in der freien Natur bewegen sich weniger Leute und verströmen ihre Energie. Hier bekommt man leichter gute Energien aus dem Umfeld von Bäumen, Pflanzen und Wasser. In der Regel überwiegt die gute Energie der Natur gegenüber der schlechten Energie einzelner Personen.

Sonnenlicht

**Das Sonnenlicht ist eine der wichtigsten Energiequellen
für den Menschen.**

Im Sommer bei Sonnenschein sind die Menschen im Allgemeinen
viel fröhlicher und ausgeglichener als im Winter bei dem ständigen Grau in Grau. Die dunkle Jahreszeit ist für eine Zunahme an
Depressionen verantwortlich, denn die Menschen sehnen sich nach
dem Licht. Wie die Pflanzen brauchen auch wir Menschen Licht,
ansonsten fehlt es uns an Energie und Antrieb.

Die Sonne sorgt für eine energiereiche Atmosphäre. Fehlt sie, stehen
unserem Organismus weniger energiegeladene Vitalitätskügelchen
zur Verfügung, die vom Körper aufgenommen werden können.
Der Aufenthalt im Freien bei Sonnenschein tut daher jeder Seele
gut. Bei empfindlicher Haut sorgt auch der Aufenthalt im Schatten
für das gleiche Ergebnis. Wichtig ist jedoch, sich bei Sonnenschein
in der freien Natur aufzuhalten, denn durch geschlossene Fenster
dringen keine Energieteilchen in das Haus oder die Wohnung ein.
Gutes Lüften ist hier eine kleine Alternative, allerdings sollten die
Fenster dabei einige Zeit lang weit geöffnet sein, um eine bessere
Energieversorgung zu erreichen.

**Trotz aller Alternativen ist der Aufenthalt im Freien
energetisch durch nichts zu ersetzen.**

Auch in der dunklen Jahreszeit sollte man sich immer wieder im
Freien aufhalten. Denn auch bei Bewölkung ist die Sonne vorhanden, und einige Lichtstrahlen finden auch den Weg hindurch. Gera-

de im Winter muss daher jeder Sonnenschein und jeder Aufenthalt im Freien genutzt werden.

Beobachten Sie einmal Menschen bei plötzlichem Sonnenschein im Sommer. Viele Leute werden auf einmal unternehmungslustig. Dies liegt an dem plötzlichen Energieschub, den die Menschen bekommen. Manch einer kann die aufgenommene Energie nämlich nicht in die richtigen Bahnen lenken und macht auf einmal die verrücktesten Sachen.

Tiere

Tiere können dem Menschen sehr viel Energie abgeben. Haustiere wie Hunde und Katzen sind hier sicherlich die Spitzenreiter und daher auch sehr beliebt. Diese Tiere sind sehr einfühlsam und spüren jede negative Stimmung ihres Frauchens oder Herrchens sofort.

Tiere nehmen ihre Umgebung sehr stark durch Energie wahr.

Sie merken sofort, wenn ihnen jemand nicht wohlgesinnt ist, und sie spüren auch Angst sehr intensiv. Hunde und Katzen übernehmen auf energetischer Ebene auch gerne die Probleme ihrer Bezugspersonen. Sie geben ihrem Alphatier alles, was sie an Energie haben. Sie sind eine Quelle an Liebe, Positivität und Lebensfreude. Sicherlich gibt es leider auch hier Ausnahmen, wenn die Tiere durch ihre Besitzer psychisch gestört wurden. Aber alle anderen geben, geben und geben. Sie opfern sich geradezu für die Menschen auf, die sie lieben. Solche Tiere sind einem Besitzer, der sie gut behandelt, treu bis in den Tod und stellen für ihn eine nie versiegende Quelle an Energie dar.

Auch Pferde sind große Energiequellen für ihre Reiter und Bezugspersonen. Diese Tiere sind in der Lage, Probleme und Stress komplett zu neutralisieren. Pferde sind ebenfalls sehr feinfühlig und spüren die Stimmung ihres Reiters sofort. Hat der Reiter Angst, merken sie dies auf energetischer Ebene und übernehmen diese Angst. Pferde würden bei einer guten Bindung ebenfalls alles für ihre Bezugsperson tun. Bei einem eingespielten Team muss der Reiter fast nur noch an das denken, was er möchte, und sein Pferd führt die Lektion aus. Dies ist ein Zeichen für eine intensive energetische Beziehung zwischen Mensch und Tier.

Weitere Energiequellen

Es gibt noch sehr viel mehr Energiequellen um uns herum. In diesem Kapitel sind nur die wichtigsten Quellen dargestellt. Erwähnen möchte ich an dieser Stelle noch den energetischen Einfluss der kosmischen Energie. In unserer Welt existieren zahlreiche unsichtbare kosmische Energien wie Strom, Radio, Fernsehen, Mikrowelle, Röntgen, Sonar und Radar. Auch der Mond und die Gestirne beeinflussen uns energetisch.

TEIL II

ENERGIE IM MENSCHLICHEN LEBEN

Energie und Gedankenkraft

Energie ist nicht greifbar. Energie ist nicht fassbar.

Ich sitze jetzt hier an einem Dienstagabend gegen 22.30 Uhr und fange dieses Kapitel an. Ich muss dieses Kapitel jetzt anfangen. Wenn ich es nicht tue, dann ist etwas falsch – und schlafen kann ich dann erst recht nicht. Sie müssen das so verstehen: Mein Innerstes hat das Bedürfnis, dieses Kapitel jetzt in diesem Augenblick zu schreiben. Ob ich es zu einem anderen Zeitpunkt ergänze, steht momentan in den Sternen. Wichtig ist nur, dass ich heute und in diesem Augenblick damit beginne.

Wir sehen Energie nicht, höchstens ihre Auswirkungen. Die Energie selbst ist wie ein flüchtiger Hauch, wie ein Zauber, wie ein Fantasiegebilde, wie unsere Einbildung, wie unser ganz persönlicher Traum.

Wir können sie spüren, aber nur tief in unserem Inneren. Wir können dieses Gefühl in uns nur leben, wenn es da ist. Es reißt uns mit, und es überwältigt uns. Wir haben das Gefühl, über allen Dingen zu stehen und die Welt besiegen zu können. Wir fühlen uns mächtig, und wir fühlen uns wundervoll. Nichts und niemand kann uns besiegen oder bezwingen. Wir fühlen uns wie Götter auf dieser Erde.

Wenn wir voller Energie sind,
dann reißen wir alles um uns herum in unseren Bann.

Wir sind wie eine Heizquelle im tiefsten Winter in Sibirien oder wie das Wasser im Sommer in der Wüste. Wir sind wie eine Insel mitten im Ozean oder wie der einzige Mensch auf dieser Welt. Wir sind unbezwingbar. Wir sind in diesem Augenblick wie Gott. Ob wir es wirklich sind, ist eine andere Frage, aber wir fühlen uns wie Gott.

Ich muss Ihnen sagen, ich fühle mich im Moment genau so – voller Energie. Ich fühle mich fantastisch. Ich fühle mich phänomenal. Ich bin vollkommen im Einklang mit meinem Leben. Ich fühle mich stimmig.

Sie werden sich jetzt fragen, was genau das ist, und vor allem möchten Sie sicher wissen, wie Sie sich ebenfalls auf einen derartigen Höhenflug begeben können.

**Wenn Sie voller Energie sind, dann schaffen Sie alles,
egal wie schwer es ist,
und egal wie schlecht die Bedingungen sind.**

Nichts und niemand kann Sie stoppen. Nichts und niemand kann Sie bezwingen. Wie ich bereits sagte: Sie fühlen sich wie Gott. Ich verrate Ihnen ein Geheimnis: In diesem Augenblick sind Sie Ihr eigener Gott. Sie erschaffen Ihre eigene Welt, die wunderbar sein kann, wenn Sie es zulassen.

Schauen Sie mich an: Ich hatte heute einen furchtbar stressigen Tag. Eigentlich waren diese und die letzte Woche nur stressig. Es gab einige Augenblicke, nein, sehr viele Augenblicke, in diesen zwei Wochen, da wusste ich nicht mehr, wer ich bin, wo unten oder oben ist bzw. wo vorne und hinten ist. Ich habe sogar fast meinen Namen vergessen, so viel Stress hatte ich.

Dennoch sprühe ich vor Energie. Voller Kraft und Power schreibe ich dieses Buch. Ich schreibe dieses Buch in einer meiner stressigsten Zeiten. Ich schreibe dieses Buch, obwohl ich dafür eigentlich keine Zeit habe, und dennoch nehme ich sie mir. Ich bin eigentlich am Ende, und dennoch habe ich die Kraft, diese Zeilen für Sie zu schreiben. Und ich weiß, wie wichtig es ist. Denn ich weiß: Dies ist meine Aufgabe. Zumindest im Moment. Und das ist auch der Grund, warum ich dieses Buch in einer äußerst schwierigen Phase meines Lebens schreiben kann. Und nun kommen wir zum Kern:

**Ich kann dieses Buch im Moment nur schreiben,
weil ich vor Energie fast platze.**

Es ist meine Aufgabe, dieses Buch für Sie zu schreiben, und weil ich es tue, bekomme ich volle energetische Unterstützung. Wie sonst sollte es funktionieren?

Doch was ist das Geheimnis?

**Das Geheimnis ist, dass ich eine Positivität an den Tag lege,
die unschlagbar ist.**

Ich lasse mich nicht mehr aus der Ruhe bringen. Ich fühle mich unbesiegbar. Ich weiß, dass ich alles schaffen kann, und vor allem bin ich davon überzeugt, dass ich alles schaffen werde. Und genau dies ist das Geheimnis.

Das Geheimnis ist so einfach und klar. Das Geheimnis sind meine Gedanken und innersten Überzeugungen.

Das Geheimnis der Energie
ist meine eigene Einstellung zum Leben.

Das Geheimnis der Energie bin ich selbst. Ich und meine Vorstellung. Ich und meine Ansichten. Ich und meine Lebensphilosophie – ich allein.

Niemand kann sich in mein Leben einmischen, wenn ich es nicht will und wenn ich es nicht zulasse. Ich bin der Schlüssel. Ich bin mein Gott – ich allein.

Ich bin der Schöpfer und das Geheimnis meines Lebens selbst.

Lassen Sie sich niemals einreden, dass jemand anderes Ihnen schaden kann. Nur Sie selbst können sich schaden. Nur Sie selbst können sich blockieren, wenn Sie die Personen, die Ihnen nicht guttun, nicht von sich fernhalten. Nur Sie selbst sind für Ihre Probleme und Schwierigkeiten verantwortlich. Nur Sie selbst kreieren Ihr Leben. Sie sind in Ihrem eigenen Leben der Schauspieler, Regisseur, Drehbuchautor und Produzent zur gleichen Zeit.

Machen Sie niemals den Fehler,
andere für Ihre Probleme verantwortlich zu machen.

Sie sind selbst dafür verantwortlich, wenn es nicht läuft. Sie sind selbst dafür verantwortlich, wenn Sie versagen. Sie sind selbst dafür verantwortlich, wenn die Energie stockt – Sie allein.

Wenn Sie auf dem richtigen Weg sind, dann fühlen Sie es. Sie spüren es bis in Ihr Innerstes. Sie spüren es in jeder Zelle Ihres Körpers.

Sie spüren es tief in sich selbst, und genauso spüren Sie es, wenn es falsch ist, was Sie tun.

Wenn Sie etwas Falsches tun, merken Sie das
an Ihrem Energiegehalt und an Ihrem Energiefluss.

Doch die Menschen ignorieren meistens das Stocken ihrer Energie.

Die meisten Menschen halten den blockierten Fluss
ihrer Energie für den Normalzustand,
weil sie keinen anderen Energiefluss kennen.

Die wenigsten Menschen kennen dieses kraftvolle Gefühl, wenn alles fließt und alles im Einklang ist. Sie wissen nicht, wie es ist, Bäume ausreißen zu können und sich unbesiegbar zu fühlen.

Sie kämpfen tagein und tagaus mit einem geringen Energiepegel und wundern sich, dass sie kaum etwas schaffen. Sie wundern sich darüber, dass das Leben so schwer und anstrengend ist, dass sie sich wie in einem Hamsterrad vorkommen – jeden Tag die gleichen Schwierigkeiten, tagein, tagaus, jahrein, jahraus – bis irgendwann ihr Leben zu Ende ist und sie sich fragen: War das alles? War dies der Sinn des Lebens? Dann fragen sich diese Menschen: Warum haben wir eigentlich gelebt? Warum haben wir all diese Qualen in diesem Leben auf uns genommen?

Warum?

Doch am Ende unseres Lebens, wenn wir endlich eine andere Ein-stellung bekommen, wenn wir endlich viele Dinge aus einer anderen Perspektive betrachten können, ist es meist schon zu spät, denn wir haben ein weiteres Leben ohne Erreichen unseres Ziels verschwendet.

Sie bestimmen mit Ihren Gedanken Ihr eigenes Leben.

Sie ziehen genau die Dinge in Ihr Leben, die Sie aussenden.

Welches Denken bestimmt Ihr momentanes Leben? Sind Ihre Gedanken positiv oder negativ? Sind Sie auf einem Höhenflug oder ganz tief unten? Bestimmen Sie Ihr Leben selbst, oder lassen Sie andere Menschen Ihr Schicksal lenken? Geben Sie anderen Menschen Macht, oder sind Sie der mächtige Geist, der Ihr Schicksal lenkt? Fühlen Sie sich gut, oder haben Sie das Gefühl, dass irgendetwas so ist, wie es nicht sein sollte?

Energie und Gedankenkraft sind untrennbar miteinander verknüpft. Unsere Gedanken bestimmen die Energie unseres Körpers, unserer Aura, die Energie unseres Lebens. Jeden Augenblick können wir unser Leben und unsere Energie durch unsere Gedanken verändern. Jeden Augenblick unseres Schicksals können wir beeinflussen – und dies bis zu unserem letzten Atemzug.

Die Gedanken bestimmen die Energie.

Doch bedenken Sie: Je weiter Sie von Ihrem Weg abgekommen sind, desto niedriger ist Ihr Energiepegel und desto schwieriger wird der Einfluss durch Ihre Gedanken. Je weiter Sie von Ihrem Lebensweg abgekommen sind, desto mehr müssen Sie sich »verbiegen«, um wieder auf den rechten Weg zu gelangen, und desto mehr Energie benötigen Sie dazu – Energie, die Sie in diesem Zustand kaum mehr aufbringen können.

Ich möchte Ihnen dies an einem Beispiel veranschaulichen: Angenommen, Ihr Lebensweg ist es, Menschen zu helfen. Sie haben aber auf die Empfehlung Ihrer Eltern hin einen Berufsweg gewählt, der diesem Ziel widerspricht. Nehmen wir einmal an, Sie sind als Finanzberater unterwegs, und um zu überleben, müssen Sie Ihren Kunden die Geschäfte vermitteln, in denen Sie die höchste Provision einstreichen. Innerlich spüren Sie zwar einen gewissen Widerstand, aber da Sie von Ihrem Einkommen eine Familie ernähren müssen, handeln Sie ständig entgegen Ihrem inneren Gefühl, genauso wie damals, als Sie Ihren Eltern zuliebe den falschen Beruf gewählt haben. Im Laufe Ihres Lebens merken Sie immer stärker, dass Sie eigentlich anders mit Ihren Mitmenschen umgehen wollen – Sie wollen ihnen helfen. Doch scheinbar zwingt Sie das Schicksal immer wieder, gegen Ihre innere Stimme und Ihr Gewissen zu handeln. Schließlich haben Sie Verantwortung und können genau in dieser Situation nicht anders reagieren. Immer wieder spüren Sie den inneren Widerstand in sich – und immer wieder ignorieren Sie ihn. Jahrelang verleugnen Sie Ihre innere Stimme, Ihre Gefühle, Ihren eigentlichen Lebensweg. Jahrelang finden Sie immer wieder Ausreden, warum Sie nicht den Weg gehen können, der tief in Ihnen richtig erscheint.

Und eines Tages ist es dann zu spät. Eines Tages schlägt das Schicksal zu. Eines Tages schlägt Ihr Innerstes zurück, und Sie bekommen die Quittung Ihrer verleugneten Seele. Jahrelang haben Sie nicht auf Ihre Wünsche gehört, und nun ist es zu spät. Nun sind Sie etwa schwer krank, und der Zug führt Sie auf das Abstellgleis. Eigentlich gibt es kaum noch eine Möglichkeit, das Blatt zu wenden, zumindest schaffen es in dieser Situation die Wenigsten. Doch was meinen Sie: Jahrelang haben Sie Ihr Innerstes unterdrückt, wie hoch schätzen sie nun die Wahrscheinlichkeit ein, dass Sie jetzt auf Ihr Innerstes hören? In dieser Situation reicht es nicht mehr aus, lediglich den Beruf zu wechseln, um nun doch anderen Menschen zu helfen. In dieser Situation müssen Sie sehr viel mehr tun, um zu Ihrem Lebensweg zurückzugelangen.

Nun brauchen Sie eine sehr große Menge an Energie, um die Kraft aufzuwenden, Ihr Schicksal zu ändern.

Was meinen Sie, wie viele Menschen das schaffen? Es sind die wenigsten. Lassen Sie es daher gar nicht erst so weit kommen.

Leben Sie Ihr Innerstes, leben Sie Ihren Lebensweg, denn alles andere ist nur eine Sackgasse.

Der energetische Unterschied

Der Unterschied, ob ein Mensch mit viel oder mit wenig Energie lebt,
ist nicht erklärbar und oft nicht sichtbar.

Jeder, der den Unterschied selbst erlebt hat, konnte ihn fühlen, vielleicht kann er ihn auch ein wenig beschreiben.

Aber richtig in Worte fassen kann man ihn nicht. Und doch ist der Unterschied eklatant. Er ist so deutlich und so einschneidend in die Lebensumstände der betreffenden Person, dass man ihn nicht unbeachtet lassen sollte.

Wenn Sie in der Vergangenheit Fehler gemacht haben, wenn Sie andere Menschen verletzt haben, dann müssen Sie diese Dinge lösen.

Wir müssen für unsere Worte und Taten geradestehen,
denn dies ist die einzige Möglichkeit, die negative Energie,
die wir verursachen, in etwas Positives zu verwandeln.

Nur so können wir unsere ehemaligen Probleme abstellen und wahrhaftig hinter uns lassen, ohne dass sie uns ein Leben lang verfolgen.

Jeder Mensch begegnet im Laufe seines Lebens anderen Personen, die ihn energetisch belasten, die zu einem dauerhaften Problem werden, wenn man nicht rechtzeitig für Abhilfe sorgt. Je länger man die Beziehung zu solchen Personen aufrechterhält, desto schwieriger ist es, sich wieder daraus zu lösen, und desto belasteter ist das eigene energetische System.

Es gibt viele solche ungleichen Beziehungen zwischen Menschen, Beziehungen, die einen insgeheim erschöpfen, auslaugen und leer zurücklassen. Anfangs handelte es sich um eine gute und schöne Beziehung oder Freundschaft, doch im Laufe der Zeit hat sich die Konstellation irgendwann geändert. Meist ist dies ein schleichender Prozess, ohne dass man genau feststellen kann, wann die zwischenmenschliche Beziehung so ungleich geworden ist. Irgendwann stellt man jedoch fest, dass der Kontakt sich massiv gewandelt hat und dass es keine fassbare Erklärung dafür gibt.

Aus einer guten Freundschaft kann sich manchmal auch eine energetische Belastung entwickeln.

Dann gibt es einfach kein Gleichgewicht der Kräfte mehr, kein Miteinander, keine gemeinsame Basis. In so einer Beziehung haben sich die Voraussetzungen geändert, ohne dass man sich dessen wirklich bewusst wurde. Auch mir ist dies passiert. Kein Mensch ist dagegen gefeit, denn alles unterliegt Veränderungen. Und auch jede zwischenmenschliche Beziehung unterliegt Veränderungen. Manchmal geschieht dies in eine positive Richtung, doch manchmal auch in eine negative. Die Kunst ist es jedoch, dies rechtzeitig zu erkennen und den Absprung zu schaffen, wenn sich die Negativentwicklung nicht beheben lässt.

Ansonsten opfert man in einer solchen Beziehung einfach alles. Man opfert seine Zeit, seine Kraft, seine Energie und seine Seele.

Man opfert sich selbst, und das ist keine Beziehung wert, schon gar keine ungleiche. Es ist einfach nicht richtig, wenn man sich für andere verbiegt. Es ist nicht richtig, für andere alles zu geben und sich persönlich dabei zu vergessen. Denn dies ist nicht unsere Aufgabe. Dies ist nur eine Verwirrung, der wir erliegen, wenn wir uns selbst aus den Augen verlieren.

Wir müssen uns selbst ein Leben lang treu bleiben.

Dafür sind wir hier auf dieser Erde. Wenn es nicht so wäre, wären wir jemand anderes. Vielleicht wären wir unser Nachbar, unser Freund oder auch unser Feind.

Wir sind wir, und deshalb haben wir die Verantwortung und Pflicht, uns selbst niemals zu vergessen.

Erst wenn wir es geschafft haben, uns aus belastenden Beziehungen zu lösen, können wir erkennen, wie schlecht sie für uns waren, wie kräfte- und energiezehrend, wie schädlich sie für uns selbst und unsere Entwicklung waren. Erst im Nachhinein erkennen wir den Verlust an Zeit, an Mut zu unserem Selbst und an Energie, die uns wochen-, monate- oder jahrelang gefehlt hat.

Während wir aus völlig falschen Gründen an einer solchen Beziehung hängen, weil wir den anderen Menschen immer noch lieben oder nicht verletzen wollen, gelangen wir mit jedem persönlichen Kontakt mehr in eine Energieabsaugspirale hinein. Das Ergebnis ist immer das gleiche: Eigentlich läuft vieles gut im Leben, aber dennoch hat man ständig das Gefühl, kurz vor dem Zusammenbruch zu stehen. Man hat Ängste und Sorgen ohne Ende – Ängste, der Herausforderung nicht länger gewachsen zu sein, Ängste, zu versagen. Sorgen über Sorgen beschäftigten einen, tagein, tagaus. In der wenigen Freizeit grübelt man stundenlang, wie man aus der Falle einer solchen Beziehung entkommen kann, aber man findet keinen Ausweg. Schließlich möchte man den anderen nicht verletzen, um den Problemen zu entkommen, noch dazu, wenn die Beziehung oder Freundschaft eng ist oder es sich bei der anderen Person um ein Familienmitglied handelt. Deshalb schaut man lieber weiter tatenlos zu, wie belastend die Beziehung auch sein mag. Und das Allerschlimmste ist, dass man einfach kein Ende sieht. Man bekommt wirklich Panik, dass man aus falschem Mitgefühl niemals aus dem riesigen Problem herausfindet.

Jedes Mal, wenn man eine Auszeit zur Beziehung hat, beispielsweise weil man sich durch Urlaub oder andere Umstände eine Zeit lang nicht sieht oder hört, regeneriert man sich sowohl energetisch als auch menschlich wieder ein wenig. Doch sobald wieder regelmäßiger Kontakt stattfindet, ist man wieder vollkommen am Ende. Man fühlt sich völlig ausgebrannt und leer, obwohl man nur kurz miteinander gesprochen hat. An diesem Punkt, wo das Innerste sich so offensichtlich sträubt, muss man einen Schlussstrich setzen, sonst geht man wirklich selbst den Bach hinunter. Sonst geht man früher oder später selbst vor die Hunde. Denn solche Personen saugen einen energetisch ständig aus. Sie nehmen einem jedes bisschen Kraft und Power. Wenn man ihnen wenigstens damit helfen könnte, wäre es vielleicht noch in Ordnung, so viel für andere zu opfern. Aber anstatt dass diese Personen die ihnen zugeführte Energie nutzen, bleiben am Ende beide Parteien leer und ausgelaugt zurück. Denn es ist nicht die eigene Energie, und sie wird auch normalerweise von den Personen nicht genutzt, um die eigenen Probleme anzugehen.

**In einer belastenden Beziehung entzieht eine Person
der anderen Energie und verschwendet sie einfach.**

Kaum löst man sich aus so einer Beziehung, fühlt man sich schlagartig besser. Endlich ist ein großes Problem gelöst, ein Problem, das man oft jahrelang mit sich schleppte, ein Problem, das zu einem Berg und später zu einem Gebirge angewachsen ist. Man hat das Gefühl, nach Jahren endlich wieder Luft zu bekommen. Ganze Felsbrocken fallen einem vom Herzen. Man kann mit Worten nicht beschreiben, wie erlöst man sich fühlt – und warum? Weil einem niemand mehr die kostbare Lebensenergie stiehlt. Endlich hat man die Energie, die man sich täglich aufbaut und aus dem Universum beschafft, uneingeschränkt zur Verfügung.

**Eine Lösung aus belastenden Beziehungen bedeutet Freiheit,
Grenzenlosigkeit und pures Wohlgefühl.**

Endlich ist man frei – frei von Problemen, frei von Menschen, die einem mehr geschadet haben, als einem je bewusst gewesen ist. Man fühlt sich endlich wieder als Mensch, und mit jedem neuen Tag gewinnt man mehr an Energie. Jahrelang hat man sich selbst täglich um neue Energie bemüht, die einem jedes Mal abgezogen wurde. Nun bekommt man täglich neue Energie und fühlt sich dadurch besser und besser. Plötzlich hat man den Eindruck, alles zu schaffen. Dies ist ein wirklich großartiges Gefühl. Man ist auf einmal so lebendig wie schon Jahre nicht mehr. Man ist endlich wieder man selbst, und nichts und niemand schafft es, einen zu stoppen. Nichts und niemand ist in der Lage, einen aus der Bahn zu werfen. Durch die viele ungewohnte Energie läuft alles wie von selbst.

**Trotz Stress und Arbeit kann man Bäume ausreißen
und sprüht vor Energie.**

Diesen deutlichen Unterschied merken auch die Mitmenschen. Oft fallen Bemerkungen wie »Du bist plötzlich ein ganz anderer Mensch« oder »Man erkennt dich gar nicht wieder«.

Viele positive Dinge treten nun auf einmal in das Leben, denn die negative Belastung ist verschwunden. Man sendet keine Negativität mehr aus, sondern zieht jede Menge gute Energie zu sich heran.

Man hat das Gefühl, als hätte alles nur darauf gewartet, dass die negative Energie verschwindet.

Auch wenn man vielleicht oft müde ist, weil man viel Arbeit oder viele Aufgaben hat, fühlt man sich aber niemals mehr leer. Auch die Ängste und die Panik, keinen Ausweg zu haben, verschwinden. Man schafft auf einmal so viel, dass man von sich selbst erstaunt ist. Außerdem behält man viel leichter wochenlang eine innere Ruhe, selbst im größten Stress. Tief im Inneren kann einen nichts mehr erschüttern.

Auch wenn man dreimal so viel Arbeit hat wie zuvor, gelingt einem alles, was man möchte. Man ist voller Energie (und keiner stiehlt sie einem) und verbreitet um sich herum eine positive Atmosphäre, die alles andere prägt.

Nichts Negatives kommt an einen heran, denn man schwimmt auf einer positiven Welle, die alles Schlechte bezwingt.

Sämtliche Wünsche und Vorstellungen erfüllen sich, und wenn es auf Anhieb einmal nicht so laufen sollte, sendet man einfach einen ganzen Schwung Positivität aus, und schon wandeln sich die Dinge. Niemand schafft es, einen zu bremsen.

**Ehrlichkeit, Aufrichtigkeit
und das Denken an die Bedürfnisse des anderen
sind den meisten Menschen abhandengekommen.**

Doch wie kann der Mensch erwarten, dass andere ehrlich, aufrichtig und mit Mitgefühl für ihn agieren, wenn er selbst nicht bereit ist, seinen Mitmenschen mit Achtung gegenüberzutreten?

Wenn Sie bisher Ihre Probleme ebenfalls in den »Keller« geschoben haben, anstatt verantwortungsbewusst Meinungsverschiedenheiten mit anderen Menschen offen und ehrlich, von Angesicht zu Angesicht, aus der Welt zu schaffen, dann ist jetzt der Zeitpunkt gekommen, den eigenen »Keller« gründlich zu »entrümpeln«. Sie werden feststellen, wie befreiend es ist, wenn Sie alle Probleme, die Sie angehäuft haben, aus Ihrem energetischen Umfeld entfernen. Endlich werden Sie sich frei und beschwingt fühlen. Endlich werden Sie das Gefühl haben, richtig tief atmen zu können. Endlich werden Sie ein neuer Mensch sein – der Mensch, der Sie eigentlich sind. Der ganze seelische Ballast, den Sie mit sich schleppten, hat Sie auf energetischer Sparflamme laufen lassen. Er hat Sie in Ihrem gesamten Sein blockiert. Er hat dafür gesorgt, dass Sie wie in einem Gefängnis leben mussten ohne eine Möglichkeit, sich richtig zu verwirklichen. Der ganze Ballast, den Sie selbst produziert haben, hat am meisten Ihnen geschadet, nicht den anderen – nur Ihnen selbst. Befreien Sie sich davon, und lassen Sie die Energie in Strömen fließen. Lassen Sie die Energie in Ihrem Körper zirkulieren, Ihre Aura weiten und alles Gute in Ihr Leben bringen. Sie selbst bestimmen die Energie. Sie selbst bestimmen, was Sie umgibt, welche Energien und welche Kräfte. Sie selbst haben die Macht, das Beste aus Ihrem Leben zu machen. Fangen Sie noch heute damit an. Fangen Sie an, endlich wahrhaftig zu leben. Fangen Sie an, Ihren Mitmenschen in die Augen zu sehen und sich selbst im Gegenüber zu erkennen.

Unsere Mitmenschen sind, wie wir, die Summe ihrer Energie.

Energieblockaden durch Abkommen vom Lebensplan

Jeder Mensch wählt sich seinen persönlichen Lebensplan aus.

Vor der Geburt in diese Welt bestimmt die Seele, welchen Weg sie in diesem Leben gehen möchte. Sie wählt aus, welche Erfahrungen sie durchleben will, um einen oder verschiedene Entwicklungsschritte zu durchlaufen.

Wir sind auf dieser Erde, um etwas Bestimmtes zu erreichen. Wir haben uns ein ganz eigenes Ziel überlegt. Jeder Mensch hat in diesem Leben, das er hier auf Erden weilt, andere Lebensaufgaben und einen Weg, den er sich selbst ausgesucht hat. Der Weg führt uns an das von uns gewählte Ziel.

**Wir können diesen Weg geradlinig gehen,
oder wir können ihn in Schlangenlinien gehen.**

Wir haben uns für das Ziel entschieden, und wir müssen diesen Weg einschlagen. Gehen wir unseren Weg in Schlangenlinien, ist das in Ordnung. Sicherlich haben wir dadurch gewisse zusätzliche Probleme zu überstehen, die eigentlich nicht notwendig wären, aber wir gelangen dennoch an unser Ziel.

Gehen wir aber nicht den vorhergesehenen Weg, bekommen wir immer mehr Schwierigkeiten, bis hin zum totalen Zusammenbruch, damit wir endlich erkennen, dass wir auf dem Holzweg sind. Das Schicksal und unsere Seele sind sehr kreativ darin, uns daran zu erinnern, dass wir von unserem Plan abgekommen sind.

**Zahlreiche Probleme, Schwierigkeiten, Schicksalsschläge
und Katastrophen weisen uns immer wieder
auf unser Abkommen vom Lebensweg hin.**

Wenn wir alles ignorieren und unsere Fehler nicht wahrhaben wollen, werden die Schwierigkeiten und Probleme, die sich uns in den Weg stellen, immer massiver. Ignorieren wir unseren Lebensplan weiterhin, sinkt unser energetischer Pegel ab, und wir fühlen uns unwohl. Verschiedene unspezifische Beschwerden belasten unseren Körper, und schließlich werden wir krank. Verleugnen wir immer noch unseren Plan, werden die Erkrankungen immer härter und schlimmer, bis wir den Notausstieg nehmen und unser vergeudetes Leben hinter uns lassen, indem wir sterben.

Doch was ist der Preis für dieses Versagen? Der Preis ist hoch, denn wir werfen ein wunderschönes Leben davon. Wir haben unsere Chance auf Wachstum vertan. Was, meinen Sie, wird nun passieren? Richtig – wie auch sonst im Leben, müssen wir die Lektion wiederholen, wenn wir sie bisher nicht gelernt haben. Es ist wie in der Schule: Wenn wir das Lernziel einer Klasse nicht erreicht haben, dann müssen wir sie wiederholen. Genauso verhält es sich mit unseren Lebensaufgaben.

Doch niemand zwingt uns zu diesem Schritt. Wir – unsere Seelen – geben uns mit einem Versagen nicht zufrieden.

**Die Seele will ihr Ziel unbedingt erreichen
und wiederholt den Lebensplan mit seinen Zielen so lange,
bis wir es endlich verstanden haben.**

Doch jedes Mal werden die Umstände schwerer. Der Leidfaktor nimmt jedes Mal ein klein wenig zu.

Viele Menschen sind der Ansicht, ihr Leben wäre unheimlich schwer und sie hätten nur Probleme. Sie kommen von einer Schwierigkeit in die nächste. Das ganze Leben besteht für sie nur aus Problemen. Und haben sie keine, dann machen sie sich selbst welche, ob das der Streit mit den Nachbarn über die zu hohe Hecke ist, der falsch geparkte Wagen oder der Fahrradfahrer, der auf dem Gehweg fährt.

Dabei bilden sich diese Menschen ein,
dass ihre Probleme alle von außen kommen.

Zu einem gewissen Teil mag dies auch zutreffen. Wenn wir an die Fähigkeiten der Gedankenkraft denken, dann wissen wir, dass wir all das anziehen, was wir aussenden. Dadurch holen wir uns weitere Probleme von außen in unser Leben. Doch das Entscheidende ist, dass diese Menschen oft nicht erkennen, dass sie alles andere, nämlich alles Positive in ihrem Leben, abblocken. Wie an einer Mauer prallt das Gute und Schöne zurück. Diese Mauer hat der jeweilige Mensch selbst errichtet.

Es ist die Mauer aus Frust, Ärger, Neid und Hass,
die für Positives undurchdringlich ist.

In dieser Phase wollen die Menschen das Gute auch nicht in ihr Leben lassen, denn sonst wären sie zufrieden und könnten nicht erkennen, dass sie auf dem falschen Weg sind.

Das Ganze ist wie eine Art Selbstschutzprogramm der Seele.

Ich will Ihnen ein anschauliches Beispiel geben: Angenommen, Sie wollten nach Paris in den Urlaub fahren. Doch eine Freundin beteuert Ihnen, dass Rom ein viel besseres Urlaubsziel sei, und Sie lassen sich von ihr überreden. Schließlich gibt es ein günstiges Angebot zu dem Ziel, auch wenn Sie unterbewusst wissen, dass Paris die Stadt Ihrer Urlaubsträume ist. Ihre Freundin organisiert alles, und Sie müssen sich um nichts mehr kümmern. Ihr Verstand erklärt Ihnen nun unaufhörlich die Vorteile Roms gegenüber Paris, und dennoch sind Sie tief in Ihrem Inneren nicht überzeugt. Dies können Sie auch gar nicht sein, denn Ihr Weg sollte Sie schließlich nach Paris führen. Es ist möglich, dass Rom das richtige Ziel für Ihre Freundin ist, aber es ist nicht das Ihre.

Sie vereinbaren nun ein Treffen mit Ihrer Freundin am Abreisetag am Bahnhof, doch die S-Bahn, die Sie dorthin bringen soll, hat Verspätung. Sie kommen daher zu spät und völlig gestresst erst kurz vor der Abfahrt des Zuges am Hauptbahnhof an. – Dies ist der erste Hinweis, dass Sie auf dem falschen Weg sind. Im Speisewagen kippt Ihnen jemand Kaffee auf die Bluse – der zweite Hinweis. Endlich erreichen Sie Rom, doch das Hotel entspricht nicht Ihren Vorstellungen. Sie sind enttäuscht – der dritte Hinweis. Bei einer Stadtrundfahrt wird Ihnen auch noch das Portemonnaie gestohlen samt allen wichtigen Papieren und Geld – der vierte Hinweis. Alles in allem kehren Sie frustriert aus dem Urlaub zurück und haben das Gefühl, Sie wären besser daheim geblieben.

Was war Ihr Fehler? Sie haben nicht auf Ihr inneres Gefühl gehört.

**Sie haben nicht Ihren Lebensplan verfolgt,
sondern sind in eine falsche Richtung gefahren.**

Wären Sie nach Paris gefahren, wären die Urlaubstage sicherlich anders verlaufen, denn dies war Ihr eigentliches Ziel.

Immer wenn Sie auf dem falschen Weg sind, bekommen Sie zahlreiche Hinweise in Form von Problemen. Sie müssen diese aber beachten und nicht nur beklagen, wie ungerecht das Leben ist. Schließlich haben Sie die Wahl.

Wenn Sie die falsche Wahl getroffen haben, sind Sie für das Versagen verantwortlich und niemand sonst.

Auch in dem oben beschriebenen Fall ist nicht Ihre Freundin schuld, sondern Sie allein, denn Sie haben sich von ihr überreden lassen und nicht Nein gesagt. Sie können keinen anderen für etwas verantwortlich machen, wenn Sie nicht auf Ihre innere Stimme gehört haben und lieber praktische Erwägungen vorgezogen haben, wie etwa das günstige Angebot und die Organisation der Reise durch Ihre Freundin.

**Wenn wir auf dem richtigen Weg sind,
dann spüren wir es deutlich.**

Wir fühlen uns großartig. Alles läuft wie von selbst. Keine Hindernisse stehen uns im Weg. Alles ist stimmig und richtig. Die Energie pulsiert durch uns hindurch. Wir erleben einen Höhenflug nach dem anderen. Wir sind energetisch vollkommen aufgeladen, und nichts behindert unseren Plan.

**Wenn Sie dieses Gefühl in Ihrem Leben auch nur einmal
erlebt haben, nur ein einziges Mal,
dann wollen Sie es nie wieder missen.**

Es ist wie eine Sucht. Es ist wie eine Droge, es ist einfach ein fantastisches Gefühl. Es ist das Leben in seiner vollendeten Kunst. Es ist wie ein Höhenrausch. Es ist ein vollkommen authentisches Gefühl. Alles ist in diesem Moment perfekt.

**»Das gehört sich so« und »Das wird von mir erwartet«
sind zwei schlechte, aber sehr weitverbreitete Glaubenssätze
in punkto Lebensweg und Seelenplan.**

Hören Sie deshalb immer tief in sich hinein. Wollen Sie eine Entscheidung wirklich treffen, oder spricht nur die Vernunft aus Ihnen? Ist es Ihre eigene Entscheidung, oder die von anderen? Denken Sie dabei an Ihre eigenen Bedürfnisse oder nur an die Ihrer Mitmenschen? Müssen Sie die Erwartungen von Bekannten, Verwandten und Freunden erfüllen? Wollen Sie es immer allen recht machen, nur sich selbst nicht? Haben Sie Angst vor Diskussionen und Rechtfertigungen, und gehen Sie daher lieber den Weg des geringsten Widerstands?

Wenn Sie die meisten dieser Fragen mit »Ja« beantworten können, dann haben Sie eine Menge Arbeit vor sich, denn dann haben Sie sich wahrscheinlich schon sehr oft im Leben verlaufen. Sie haben dann wahrscheinlich schon sehr viele Umwege gemacht und sind schon oft von Ihrem Lebensweg abgekommen. Doch Erkenntnis ist der erste Schritt zur Besserung. Es ist niemals zu spät, den richtigen Weg einzuschlagen.

**Ihre Seele weiß in jedem Augenblick Ihres Lebens,
was Ihr Lebensplan ist.**

Tief in sich wissen Sie genau, welchen Weg Sie bisher verweigert haben. Tief in Ihrem Inneren ist der Schlüssel zu einem erfüllten, glücklichen und energiegeladenen Leben. Fangen Sie an! Jetzt ist der richtige Augenblick dazu.

Lassen Sie sich niemals von anderen einreden, was richtig und was falsch für Sie ist.

Nur Sie selbst wissen, was für Sie in diesem Moment richtig ist.

Niemand anderes kann Ihnen diese Aufgabe abnehmen, und niemand anderes hat das Recht, Ihre Entscheidungen für Sie zu treffen. Sie wissen, was Sie wollen. Niemand anderes kann dies wissen. Es ist Ihr Leben, es ist Ihr Weg, und es sind Ihre Entscheidungen.

Erinnern Sie sich an das Spiel »Topfschlagen«, das auf jedem Kindergeburtstag gespielt wurde? Das Spiel verwendet das gleiche Prinzip wie die Seele beim Finden des richtigen Wegs: Gehen wir in die richtige Richtung, rufen die Kinder um uns herum: »Warm und wärmer«. Genauso verhält es sich mit dem Lebensweg.

**Folgen wir unserem Lebensplan,
erhöht sich unser Energiegehalt,
die Schwingung in unserem Körper steigt,
und wir haben kaum noch Probleme.**

Sind wir kurz vor dem Ziel, rufen die Kinder: »Heiß und heißer«, und beim Schlagen auf den Topf bricht ein großer Jubel aus. Haben wir das Ziel in unserem Leben fast erreicht, gelangen wir mit großer Leichtigkeit durch vermeintliche Schwierigkeiten, und viele Probleme lösen sich fast wie von selbst. Am Ziel angelangt, strotzen wir nur so vor Energie, denn wir wissen: »Es ist geschafft«.

Sind wir nicht in der Nähe des Topfes, rufen die Kinder: »Kalt und kälter«. Genauso ist es auch, wenn wir von unserem Lebensweg abkommen: Unser Energiegehalt sinkt immer weiter ab, wir fühlen uns immer schlechter, und wir bekommen Steine und später einen Felsbrocken nach dem anderen – in Form von Schwierigkeiten, Streitereien, Ärger und Problemen – in unseren falschen Weg gelegt, je weiter wir uns von unserem Ziel entfernen.

Niemand kann Ihnen Ihr Lebensziel verraten.
Aber Ihre Gefühle können es.

Sie dürfen sich nur nicht von Ihrem Verstand ablenken lassen. Meistens versucht er, Ihnen praktische und sichere Dinge einzureden. Dies tut er genauso wie bei den meisten Menschen die Familie: »Suche dir einen sicheren und praktischen Beruf aus. Als Bildhauer kann man kein Geld verdienen. Lerne einen respektablen Beruf wie Finanzberater in einer Bank. Das ist sicher und wird immer gebraucht«, hören Sie immer und immer wieder. »Meine Familie liebt mich«, denken Sie nun. »Meine Verwandten wollen nur mein Bestes. Ich bin es leid, mit ihnen zu streiten. Ich brauche schließlich ihre Unterstützung, und wenn ich Bildhauer werde, setzen Sie mich vielleicht vor die Tür.« Sie können die Sprüche Ihrer Familie schon hören: »Wir unterstützen so einen Blödsinn nicht, das ist doch keine richtige Arbeit. Das machen nur Verrückte.« Ihre Familie und vielleicht auch manche Freunde quälen Sie so lange, bis Sie endlich nachgeben und eine Lehre in der Bank beginnen. Die Arbeit finden Sie jedoch furchtbar und langweilig. Schließlich ist der Umgang mit Geld so ganz anders als die Arbeit an einem leblosen Stein, aus dem der Künstler ein lebendiges, formvollendetes Wunder erschaffen kann. Bildhauer wäre Ihr Traumberuf, Ihre große Leidenschaft und die Liebe Ihres Lebens. Dies ist der innigste Wunsch Ihrer Seele – und somit eines Ihrer Lebensziele.

Doch leider haben Sie sich überreden lassen, ins Bankgeschäft einzusteigen. Der Beruf bringt Ihnen keine Freude. Die Kunden gehen Ihnen auf die Nerven, und Geld fließt zwar täglich durch Ihre Hände, aber nicht in Ihren Geldbeutel. Sie kommen auf der zuvor angepriesenen Karriereleiter kaum voran. Immer wieder werden Kollegen bei einer Beförderung bevorzugt. Jeden Tag quälen Sie sich zur Arbeit, und so vergeht ein Tag nach dem anderen. Voller Sehnsucht und Wehmut betrachten Sie Skulpturen in Museen und Ausstellungen, doch Ihren Lebenstraum haben Sie begraben.

Was meinen Sie, wer besser dran ist? Der unglückliche Bankangestellte, der eine glückliche Familie hat, oder der leidenschaftliche Bildhauer, der wahre Wunder aus toter Materie erschafft und zumindest anfangs allein seinen Weg gehen muss, weil seine Familie verärgert ist? Was nützt uns Sicherheit im Leben, wenn wir nicht einmal wissen, ob wir morgen, in einem Monat oder in einem Jahr noch leben? Was nützt es, andere zufriedenzustellen und dabei selbst zu leiden?

**Was bringt uns der risikoarme Weg,
wenn er uns nicht dorthin führt, wo wir sein wollen?**

Achten Sie deshalb auf Ihre Gefühle. Denken Sie an Dinge, die Ihnen Freude und Zufriedenheit bringen, die Sie glücklich machen, an Sachen, die Ihnen unheimlich viel Kraft und Energie geben, an Tätigkeiten, die Sie mit Liebe erfüllen. Denn nur dafür lohnt es sich zu leben. Nur dann können Sie Glück, Freude und Zufriedenheit erfahren.

**Meinen Sie nicht,
dass dieses – Ihr persönliches – Ziel jeden Kampf wert ist?**

Woran erkenne ich
meinen Energiezustand?

Energie ist Leben.
Daher erkenne ich meinen Energiezustand an meinem Leben.

Bin ich glücklich und zufrieden? Fühle ich mich gut und richtig?
Fühle ich mich geborgen und im Einklang mit allem, was ist? Fühle
ich mich getragen? Fühle ich mich verbunden mit meinem näheren
Umfeld? Ist alles so, wie es sein soll? Fühlt sich alles richtig an?

Übung – *Erkennen des Energiezustandes*
Fertigen Sie eine Tabelle an. Über die linke Spalte schreiben Sie:
»Alles, was richtig in meinem Leben ist«, und über die rechte Spal-
te schreiben Sie: »Alles, was falsch in meinem Leben ist«. Tragen
Sie in beide Spalten alles ein, was Ihnen dazu einfällt. Dies beginnt
bei der Familie und geht über Arbeit, Hobbys, Freizeit bis zu Ihren
Charaktereigenschaften. Wenn es notwendig ist, dann füllen Sie die
Tabelle über mehrere Tage. Am Ende vergleichen Sie die rechte mit
der linken Spalte. Ist die rechte Spalte wesentlich voller als die linke, dann laufen Sie energetisch auf Sparflamme.

Eine weitere Möglichkeit, den eigenen Energiezustand einzuschät-
zen, ist es, die eigene Kraft zu beurteilen. Fühlen Sie sich oft müde
und fertig? Haben Sie das Gefühl, Ihren Alltag oder Arbeitstag
kaum bewältigen zu können? Strengen Sie bereits Kleinigkeiten
massiv an? Müssen Sie sich für manche Aufgaben geradezu überwinden? Wenn dies auf Sie zutrifft, dann herrscht bereits Alarm-
stufe Rot in Ihrem Energiehaushalt. Sie müssen dringend etwas
ändern, sonst zerbrechen Sie. Bei anhaltenden Beschwerden sollte

natürlich auch ein Arzt aufgesucht werden, um eine Erkrankung ausschließen zu können.

Bei einem andauernden Energiedefizit werden Sie krank.

Unseren eigenen Energiezustand können nur wir selbst beurteilen. Niemand anderes kann dies für uns übernehmen.

Situationen, die bei dem einen Menschen das Energieniveau senken, machen einer anderen Person überhaupt nichts aus. Auch das Gefühl für Kraft, Ausdauer und Stärke ist sehr individuell.

**Wir müssen die Türen öffnen,
sonst kann das Glück nicht in unser Haus kommen.**

Es sind die Menschen selbst, die das Glück aus ihrem Leben sperren. Es sind die Menschen selbst, die sich das Leben zur Hölle auf Erden machen. Es sind die Menschen selbst, die das Leid zu sich ziehen.

Beurteilen Sie Ihr Leben. Denken Sie genau nach: Trotz einiger Tiefs zwischendurch, würden Sie Ihr Leben eintauschen wollen gegen ein anderes? Wären Sie lieber ein anderer Mensch mit einer anderen Familie? Würden Sie lieber einen anderen Beruf erlernen, wenn Sie die Chance dazu hätten? Würden Sie viele Dinge in Ihrem Leben gerne anders gestalten? Kennen Sie Personen, mit denen Sie am liebsten tauschen würden und die Sie insgeheim um ihr Leben beneiden?

Je mehr Fragen Sie mit »Ja« beantworten können, desto niedriger ist Ihr Energiepegel. Sie merken dies vielleicht nicht, denn Sie haben Ihren Lebensweg schon lange verlassen. Ihre Seele verkümmert immer mehr, denn dieses Leben ist nicht so, wie Ihre Seele es plante. Ihr Leben ist falsch, denn Sie leben ein falsches Leben. Sie spielen die falsche Rolle im Bühnenstück Ihres Lebens, Sie haben sozusagen das Thema verfehlt. Daher haben Sie viele Energielecks und schaffen es immer weniger, Ihre Reserven aufzufüllen.

Warum betrügen Sie sich selbst? Warum betrügen Sie Ihre Seele? Sie haben nichts zu verlieren, wenn Sie Ihr wahres Ich auspacken und leben. So wie Sie Ihr Leben momentan gestalten, verlieren Sie immer mehr kostbare Lebensenergie und damit einen Teil Ihres Selbst. Sie verlieren den Glauben an diese Welt, an das Leben selbst und das Wertvollste, was Sie haben.

Sie verlieren, was zu Ihnen selbst gehört,
was Sie niemals verlieren dürfen,
was Ihnen niemand nehmen kann
und was auch im Tod nicht verloren geht: Ihr Seelenwachstum.

Nichts anderes bleibt bestehen, nichts anderes sind Sie selbst. Alles verschwindet, nichts ist von Dauer, alles im Leben ist vergänglich – außer Ihrer Seele und deren Wachstum. Sie ist Ihr kostbarster Besitz. Das sind Sie. Das ist der Grund für Ihr Leben.

Würden Sie Ihr Leben um nichts auf der Welt hergeben? Würden Sie die Rahmenbedingungen wieder genauso leben wollen? Sicher, Fehler macht jeder, sie sind menschlich, sollten aber möglichst nicht wiederholt werden, um sich selbst Leid zu ersparen. Aber das große Ganze des Lebens selbst ist genau so, wie Sie es wollten? Sie lieben Ihren Partner und Ihre Kinder? Sie haben tolle Freunde? Sie lieben Ihren Beruf und gehen gerne zur Arbeit? Sie freuen sich des Lebens, Sie sind glücklich? Ich gratuliere Ihnen, Ihr Energieniveau ist gut.

Energie bedeutet Freude, Glück, Zufriedenheit, Liebe, Harmonie, Zuversicht und Dankbarkeit.

Genießen Sie alles, was Sie haben. Wenn Sie es nicht genießen können, dann sollten Sie es loslassen, hergeben und ändern. Erst dann kann Ihre Energie wieder fließen. Erst dann lösen Sie Blockaden in Ihrem System. Erst dann sind Sie in der Lage, Ihre Reservetanks mit neuer, frischer Energie zu füllen. Sehen Sie in den Spiegel Ihres Lebens: Erkennen Sie sich selbst, oder sehen Sie einen Schauspieler, der für andere eine Rolle spielt ohne Rücksicht auf die eigene Person? Sie machen es anderen recht? Das ist nett von Ihnen, aber Sie verletzen sich selbst dadurch. Sie bohren dabei immer tiefer in die eigene Wunde. Sie zerstören immer mehr Ihres wahren Selbst, bis Sie überhaupt nicht mehr wissen, wer Sie eigentlich sind. Warum fügen Sie Ihrer Seele diesen Schmerz zu? Nur um andere glücklich zu machen? Was ist mit Ihrem eigenen Glück? Vergessen Sie sich selbst nicht für andere. Vergeuden Sie dieses Leben nicht, sondern wachsen Sie seelisch über sich selbst hinaus. Dies geht aber nur durch Arbeit an Ihrer Seele. Dies geht nur, wenn Sie Ihr wahres Sein leben und nicht ignorieren und vergessen.

Seele und Energie gehören zusammen. Sie sind eins.

Sie können das eine nicht ohne das andere verändern. Beides ist so intensiv miteinander verbunden, dass die Arbeit an dem einem das andere ebenfalls verändert.

Was reduziert mein Energielevel?

Angst ist der größte Feind der Menschen und der Energie.

Es gibt keinen Zustand, der unseren Energiepegel mehr schmälert als Angst. Das Problem ist, dass es so viele verschiedene Arten von Ängsten gibt, wie es Menschen gibt. Jede einzelne von ihnen ist ein Energiekiller. Ich werde hier nur die am weitesten verbreiteten Arten von Ängsten ansprechen.

Die Angst vor dem Altern

Unglaublich viele Menschen haben Angst vor dem Altwerden.

Verzweifelt versuchen sie, auf ewig jung zu bleiben. Es werden keine Mittel und Kosten gescheut, um dem Altern entgegenzuwirken. Sie schlucken Pillen, kaufen teure Kosmetika, rennen zum Schönheitschirurgen, lassen sich aufspritzen, und doch hilft alles nichts – sie werden mit jedem Tag älter.

Jede neue Falte im Gesicht ist ein Weltuntergang, und wehe, man fragt diese Menschen, welchen Geburtstag sie feiern. Am liebsten wären sie wieder jung, voller Kraft und Elan, könnten rund um die Uhr Partys feiern und wüssten nichts von den zahlreichen Problemen der Welt. Viele ältere Männer suchen sich junge Partnerinnen, die eigentlich ihre Töchter sein könnten, um sich wieder frisch und begehrt zu fühlen. Viele Frauen färben sich meist noch bis ins hohe Alter ihre Haare, und manch eine meint, mit Mitte vierzig noch in die Kleidung einer Sechzehnjährigen hineinpassen zu müssen.

Das alles tut den Menschen nicht gut. Das kann ihnen gar nicht guttun, denn sie verleugnen sich damit selbst.

Mit der Angst vor dem Alter verleugnen Menschen den Wert der eigenen Seele, die mit jedem Jahr schöner und strahlender wird.

Sie leben nur für die vergängliche Hülle und erkennen nicht, wer sie wirklich sind. Wenn ihnen die Maske nicht mehr gefällt, ist der Mensch dahinter nichts wert.

Doch so funktioniert das Leben nicht, denn eines ist gewiss:

**Die einzige Beständigkeit, die es in diesem Leben gibt,
ist die Veränderung.**

So wie unsere Umwelt von den Jahreszeiten bestimmt wird, so verhält es sich auch mit unserem Leben: Wir werden geboren und wachsen langsam heran. Wie die Knospen im Frühling entwickelt sich die junge Persönlichkeit eines Menschen. Im Alter zwischen zwanzig und fünfzig Jahren erleben wir den Sommer. Wir stehen in der Blüte unseres Lebens. Alles leuchtet und hat Kraft. Danach kommen wir zu unserem Lebensherbst. Langsam schwinden die Kraft und die Lebensessenz aus unserem Körper. Wir leuchten in den verschiedensten Farben, aber nicht mehr so hell wie in der Blüte unserer Jahre. Am Ende unseres Lebens stehen wir im Winter. Alles zieht sich langsam zurück, und auch unser Körper bereitet sich auf den Winterschlaf vor. Das knospende Grün des Frühlings, das bunte Blühen des Sommers und das Leuchten des Herbstes sind vergangen. Dennoch können wir glitzern und strahlen wie funkelnde Juwelen oder wie der Schnee an einem sonnigen Wintertag.

Alte Menschen, die ihren Frieden gefunden haben, leuchten auf eine ganz besondere Art.

Glückliche alte Menschen strahlen eine innere Ruhe und Zufriedenheit aus, die ein jüngerer Mensch niemals erreichen kann.

Sie wissen, dass sie ihr Leben gelebt haben, und sie haben vor nichts mehr Angst. Sie sind die Ruhe selbst, denn sie haben in ihrem Leben so vieles erlebt und gemeistert, dass sie nichts mehr erschüttern kann. Nicht einmal der Tod kann ihnen noch Angst einjagen, denn ihr Leben war erfüllt und reichhaltig. Diese Weisheit lässt ihre Seele durch den schwindenden Körper funkeln, denn die Seele wächst mit dem Altern, während unser Körper vergeht.

Es ist die Liebe zum Leben, die alte Menschen von innen heraus leuchten lässt, denn oft haben sie zahlreiche Schicksalsschläge erlebt und gemeistert. Trotz der vielen Strapazen der Vergangenheit haben sie die Liebe zum Leben nicht verloren.

Doch warum haben so viele Menschen ab einem Alter von vierzig Jahren ein Problem mit ihrem Alter? Und welche Auswirkungen hat das auf die Energie in ihrem Körper? Das Leben ist im Fluss. Jedes Alter hat seine Vor- und seine Nachteile. Ich sage es Ihnen ganz ehrlich:

Ich möchte keine zwanzig Jahre mehr alt sein. Warum auch? Damals war ich noch ein ganz anderer Mensch.

Das Leben erschien mir schwer und problematisch. Ich hatte das Gefühl, immer um alles kämpfen zu müssen, und ich war es so leid.

Als ich zwanzig war, habe ich viele Dinge falsch gemacht. Ich habe vieles hinuntergeschluckt und versucht, es jedem recht zu machen. Ich habe nicht »Meins« gelebt. Ich war nicht der Mensch, der ich im Innersten sein wollte. Ich hatte meinen Weg noch nicht gefunden, und dadurch bekam ich ständig Hinweise vom Leben, vom Schicksal, vom lieben Gott, vom Universum oder von meiner Seele – wie auch immer Sie es bezeichnen wollen –, dass ich auf dem Holzweg war. Immer wieder stieß ich an meine Grenzen, und immer wieder fiel ich in ein tiefes energetisches Loch.

Heute bin ich genau dort, wo ich hinwollte. Heute lebe ich so, wie es für mich richtig ist. Heute liebe ich meine Arbeit, meine Patienten, meine Mitmenschen, meine Umgebung und das Leben selbst. Ich kann gar nicht oft genug betonen, wie schön das Leben ist.

**Das Leben ist wundervoll,
wenn wir im Einklang mit unserer Seele sind.**

Es ist ein fantastisches Gefühl, voller Kraft zu sein. Es ist ein ganz anderes Leben als zuvor. Daher möchte ich niemals wieder zwanzig sein, denn dann wäre ich nicht an der Stelle, an der ich nach all den Jahren harter Arbeit mit mir selbst endlich stehe.

Das heißt nicht, dass Sie sich jahrelang quälen müssen, um dorthin zu gelangen, wo ich jetzt bin. Eigentlich ist es ganz einfach, dorthin zu gelangen. Es ist nur einen Schritt, nur eine minimale Änderung entfernt. Sie können sofort einen hohen energetischen Zustand erreichen, schon in der nächsten Minute können Sie ein anderes Lebensgefühl haben. Sie müssen sich nur jetzt, in diesem Augenblick, dafür entscheiden.

Sie müssen nur jetzt in diesem Augenblick Ihr Leben akzeptieren, annehmen und lieben. Der ein oder andere Leser wird mir nun widersprechen, weil sein Leben im Moment gerade furchtbar und voller Probleme ist. Er fühlt sich schlecht und miserabel und sieht keinen Ausweg aus den Schwierigkeiten. Sollte das bei Ihnen gerade der Fall sein, dann gibt es dennoch schöne Dinge, die zwischendurch passieren. Doch vor lauter Frust und Leid sehen Sie diese Dinge nicht mehr. Sehen Sie deshalb immer genau hin.

Das Älterwerden ist nicht schlimm. Es ist ein ganz normaler Vorgang im unendlichen Kreislauf des Lebens.

Das Älterwerden ist nur dann schlimm,
wenn Sie sich dagegenstellen.

Es ist nur furchtbar, wenn Sie sich mit allen möglichen Mitteln dagegen wehren. Kann der Herbst nicht auch eine wunderschöne Jahreszeit sein? Mit seinen langen Spaziergängen bei den letzten goldenen Sonnenstrahlen, die eine unendlich schöne Farbenpracht in die Blätter der Laubwälder zaubert, mit gemütlichen Abenden am Kaminfeuer, wenn die Familie nach den langen und vielen Sommerunternehmungen wieder gemeinsam zur Ruhe kommt, wenn man sich freut, im Warmen zu sitzen, während draußen Wind und Regen ein Konzert geben, wenn das Leben wieder einen Schritt zurückweicht und wieder jeder zu sich selbst findet.

Das ist der Herbst, wie er in unserem Land jedes Jahr von Neuem Einzug hält, aber es ist auch der Herbst, wenn der Mensch nach vielen Unternehmungen in der Blüte seiner Jahre endlich zur Ruhe kommen kann.

**Die Energie unseres Körpers fließt anders durch uns hindurch,
wenn wir älter werden,
aber deswegen muss nicht weniger davon fließen.**

Nur die Qualität ist eine andere. Wenn Sie dies akzeptieren, annehmen und lieben, werden Sie wunderschöne geruhsame Jahre nach der Hektik Ihres bisherigen Lebens genießen können. Endlich werden Sie Zeit haben für Ihre Hobbys und auch viel mehr Zeit für sich selbst. Sie müssen in Ihrem Beruf keine Höchstleistung mehr vollbringen. Sie müssen nicht mehr Ihre Kinder großziehen und darauf achten, dass aus ihnen anständige Menschen werden. Dies alles liegt nun hinter Ihnen.

Warum glauben so viele Menschen, dass sie nichts mehr wert sind, wenn sie älter sind? Liegt der Wert eines Menschen nur in dem, was er leistet? Oder liegt der Wert eines Menschen nur in seinem Aussehen? Sind schöne Menschen wirklich die besseren? Nein!

Der Wert eines Menschen liegt in seinem Inneren.

Der Wert eines Menschen ist dann hoch, wenn er gelernt hat, dass weder sein Aussehen noch seine Popularität noch sein finanzieller Status diesen bestimmen kann.

Es sind die unsichtbaren Qualitäten, die den Wert eines Menschen ausmachen: die Liebe zu anderen Menschen, das Mitgefühl für die Probleme anderer, die Hilfe, die ein Mensch anderen gewährt – nicht weil er etwas dafür bekommt, sondern weil er es aus Liebe zum Mitmenschen geben möchte.

Wir sind alle Teil einer großen Gemeinschaft, wir sind alle Menschen. Wie kann ich erwarten, dass mich die anderen immer gut und richtig behandeln, wenn ich selbst nicht bereit bin, dies zu geben? Zuerst kommt meine gute Tat, und irgendwann einmal werde auch ich davon profitieren können, denn es gilt:

Die Energie, die ich aussende, kommt zu mir zurück.
Das, was ich ausstrahle, ziehe ich an.

Überlegen Sie jeden Abend, ob Ihre Taten vom zu Ende gegangenen Tag richtig waren. Hätten Sie diese Taten aus der Perspektive Ihres Gegenübers auch so umgesetzt, oder hätten Sie eine andere Reaktion erwartet?

Tun Sie nur Dinge, über die Sie danach sagen können:
»Alles, was ich getan habe, war richtig.«

Ich kann mir und meinem Gegenüber jederzeit in die Augen – den Eingang zur Seele – sehen. Können Sie dies nicht, dann unterlassen Sie eine Tat lieber, denn sonst belasten Sie sich mit negativer Energie und sorgen für Blockaden im Körper. Auch die schlechte Tat fällt irgendwann auf Sie zurück.

Bedenken Sie immer:

Nicht das Äußere eines Menschen ist wichtig,
sondern die gute Seele, die sich dahinter verbirgt.

Der Körper und alles, was dazugehört, ist ohnehin nur eine Maske, und auch wenn die Maske nicht so schön ist, kann dahinter ein wunderschöner und fantastischer Mensch stecken. Das gilt für andere genauso wie für Sie selbst. Ihre Seele kann wunderschön sein, auch wenn Ihr Körper Ihnen nicht gefällt.

Midlife-Crisis

Einen wichtigen Punkt zum Thema Alter möchte ich im Folgenden aufgreifen: die sogenannte Midlife-Crisis.

**Viele Menschen ab vierzig Jahren bekommen
eine Torschlusspanik und fangen an,
ihr Leben vollkommen aus den Fugen laufen zu lassen.**

In diesem Alter besteht die Gefahr, dass der erforderliche Wandel falsch umgesetzt wird. Sehr wenige Menschen bestehen diese Zeitwende ohne Schwierigkeiten. Viele Personen verändern sich in dieser Lebensphase grundlegend, leider manchmal auch in die falsche Richtung.

Ich bezeichne diesen Zeitpunkt auch gerne als zweite Pubertät im Leben eines Menschen. So wie die eigentliche Pubertät im Jugendalter den Wechsel vom Kind zum jungen Erwachsenen einläutet, so kommt nun der Wechsel vom jungen Erwachsenen zum reifen Menschen.

Wie bereits erwähnt, haben sehr viele Menschen Probleme mit dem Älterwerden. Doch mit der Midlife-Crisis ist noch etwas anderes gemeint:

**Manche Menschen stellen anhand der Zahl Vierzig fest,
dass nun ein Großteil ihres Lebens, statistisch gesehen, vorbei ist.**

Sie betrachten ihr bisheriges Leben und meinen zu erkennen, was sie alles verpasst haben. Sie stellen fest, dass sie viele Gelegenheiten in ihrem bisherigen Leben an sich haben vorbeiziehen lassen.

Sehr stark davon betroffen sind Männer, die sehr viel Zeit und Kraft in ihren Beruf gesteckt und dabei das eigentliche Leben vergessen haben, oder Frauen, die alles für die Erziehung ihrer Kinder, Haushalt und ihren Ehemann geopfert haben. Nun stellen sie fest, dass sie ihr vierzigstes Lebensjahr überschritten haben und sie auf viele schöne Dinge verzichtet haben und sie selbst, ihre Seele, dabei zu kurz gekommen sind. Sie versuchen nun alles nachzuholen, was ihnen entgangen ist.

Die große Gefahr dabei ist, dass sie nun ins Gegenteil verfallen und dass sie ab diesem Zeitpunkt nur noch ihr eigenes Leben in den Vordergrund stellen und den Rest um sich herum – etwa ihren Partner und ihre Kinder – völlig aus den Augen verlieren.

Nun wird das eigene Selbst erhoben, und alles andere wird unwichtig. Schließlich hat man ja jahrelang für die anderen auf alles verzichtet, jetzt können die anderen auch mal verzichten.

**Menschen in der Midlife-Crisis entwickeln sich
dadurch leicht zu Egoisten,
die nun auf Kosten ihrer Familie und Umgebung leben.**

Doch die Familie war damals nicht schuld, dass diese Menschen ihr Leben nicht gelebt haben. Die Entscheidung dazu hat derjenige Mensch selbst getroffen. Niemand hatte ihn dazu gezwungen, und daher sollte er auch niemals andere dafür büßen lassen. Außerdem sollte der Wandel nicht zu plötzlich geschehen, sonst leiden andere darunter, die mit der plötzlich veränderten Situation nicht klarkommen.

Selbstverwirklichung ist etwas Gutes,
aber sie sollte niemals auf Kosten anderer gelebt werden.

Ich kann Ihnen nur ans Herz legen, nicht den falschen Weg einzuschlagen und die Menschen, die Sie lieben, nicht vor den Kopf zu stoßen, denn dies haben sie nicht verdient. Verwirklichen Sie sich, und arbeiten Sie an Ihrem Seelenwachstum, aber verletzen Sie dabei nicht die zarten Seelen Ihrer Kinder, indem Sie keine Zeit mehr für sie haben. Wenn ein wichtiges Ereignis im Leben Ihres Kindes bevorsteht, gibt es nichts Wichtigeres, als dass sie als Elternteil dabei sind. Sie werden bestimmt zu einem anderen Zeitpunkt etwas für sich selbst tun können, ohne Ihr Kind bei seinem wichtigen Ereignis allein lassen zu müssen. Versetzen Sie sich in die Lage Ihres Kindes. Vielleicht ist das Ereignis für Sie nicht bedeutend, für Ihr Kind aber schon. Als Eltern haben Sie eine gewisse Verantwortung übernommen. Stellen Sie sich vor, Sie heiraten und Ihre Eltern sagen die Teilnahme an der Feier ab, weil Sie lieber in den Urlaub fahren möchten. Wie würden Sie sich dabei fühlen?

Lassen Sie daher Ihre Kinder niemals im Stich, auch wenn es sich »nur« um eine Prüfung, eine Vorführung, ein Turnier oder ähnliches handelt. Zeigen Sie Ihrem Kind, dass es wichtig ist und geliebt wird. Wenn Sie nicht bei ihm sind, weil Sie sich selbst verwirklichen wollen, dann ist dies nichts anderes als eine Art von Liebesentzug. Sie sagen damit knallhart: »Ich habe etwas Besseres zu tun, als bei dir zu sein.«

Es gibt nichts Besseres und Wichtigeres als die eigenen Kinder.

Verprellen Sie auch nicht Ihren Partner. Er wird es vielleicht eher verstehen als Ihre Kinder, wenn Sie Zeit für sich selbst haben möchten, aber Sie werden sicherlich auch Zeit für sich finden, ohne die Partnerschaft zu belasten. Die Frage, die sich ansonsten stellt, ist: Wie wichtig ist Ihnen Ihr Partner noch?

Finden Sie die richtige Mischung zwischen den Wünschen der eigenen Seele und denen Ihrer Mitmenschen.

**Verfallen Sie niemals von einem Extrem ins andere.
Gehen Sie den goldenen Mittelweg.**

So wie Ihre Seele Rechte hat, haben es auch die anderen Seelen. Wenn Sie ansonsten in dieser Lebensphase nur an sich denken, geht irgendwann alles den Bach hinunter. Ihr Partner mag dies eine gewisse Zeit lang tolerieren, aber wenn Sie vorher immer nur für ihn da waren, kennt er Sie so nicht. Bedenken Sie, dass er damals einen anderen Menschen als Partner gewählt hat. Bedenken Sie, dass er Sie bisher so nie erlebt hat. Sprechen Sie mit ihm, und drehen Sie sich nicht einfach um 180° und stellen ihn damit vor vollendete Tatsachen.

Vergessen Sie nicht, wenn Sie in dieser Phase Ihre Kinder verprellen, dass der Zeitpunkt rasend schnell kommt, an dem sie aus dem Haus gehen und ihr eigenes Leben beginnen. Diese Zeit können Sie niemals zurückholen. Sie können vielleicht später Zeit mit Ihren Enkeln verbringen, aber das ist nicht dasselbe. Wenn die Kinder ausgezogen sind, haben Sie mehr als genug Zeit, um für sich selbst zu leben. Denn dann ist es still im Heim.

Für alle Menschen, die noch am Anfang ihres Erwachsenenlebens stehen, möchte ich noch einmal betonen, dass Sie sich selbst nicht aus den Augen verlieren sollten.

Kein Mensch sollte alles für seine Mitmenschen aufgeben, denn dieser Schuss geht immer nach hinten los.

Wenn Sie jedoch diesen Fehler gemacht haben, dann korrigieren Sie ihn nicht auf Kosten anderer.

Allgemeine Angst im Leben

Viele Menschen leben nur in Ängsten.

Sie haben Angst, ihren Arbeitsplatz zu verlieren, Angst zu versagen, Angst vor Erkrankungen, Angst vor dem finanziellen Ruin, Angst, ihren Partner zu verlieren, Angst vor Unfällen und Angst vor dem Tod. Dieses eine Wort »Angst« bestimmt ihr ganzes Leben. Sie tun keinen Schritt ohne Angst. Wenn sich eine Angst nicht bestätigt hat, dann freuen sie sich nicht, sondern sie haben bereits wieder vor dem Nächsten Angst.

In diesen Menschen fließt die Energie nicht, sondern stockt von einem Punkt zum nächsten.

Wenn es im Innen nicht fließt, fließt es auch im Außen nicht.

Energetisch steht alles still, und weil diese Menschen so einen hohen Energiebedarf haben, ziehen sie viel Energie zu sich. Doch diese Energie ist keine gute und fließende Energie, wie sie dringend von diesen Menschen gebraucht werden würde. Die Energie, die solche Menschen zu sich ziehen, ist nicht leuchtend und strahlend, sondern sie bringt nur negative, stockende und problematische Ereignisse in das Leben dieser Menschen. Sie erreichen damit genau das, wovor sie Angst haben. Diese Menschen befinden sich in einem Teufelskreis, aus dem nur sie selbst ausbrechen können.

Die meisten Menschen haben Angst,
irgendetwas zu verlieren, was sie besitzen.

Doch was besitzen wir wirklich? Wir besitzen weder unsere Kinder noch unseren Partner. Es gab im Leben aller Menschen eine Zeit, bevor sie Kinder hatten und auch bevor sie ihren Partner kennengelernt hatten. Haben sie damals nicht gelebt? Bei den meisten gibt es auch eine Zeit danach, denn die Kinder gehen irgendwann aus dem Haus und leben ihr eigenes Leben. Und auch der Partner wird in den meisten Fällen, selbst wenn man fünfzig Jahre oder länger ein glückliches Paar war, vor oder nach einem selbst aus dem Leben scheiden. Einer geht und muss seinen Partner in diesem Leben zurücklassen, und der andere muss das Leben noch allein weiterleben, bis auch seine Stunde gekommen ist.

Es gibt immer ein Vorher und ein Nachher. Wir kommen schließlich auch allein auf die Welt, und wir gehen auch wieder allein aus dieser Welt. Wir können nichts und niemanden mitnehmen. Diese beiden Wege müssen wir allein gehen. Freuen Sie sich über die schöne Zeit, die Sie gemeinsam verbringen können oder konnten. Dabei ist es nicht wichtig, wie lange diese Zeit war. Wichtig ist nur die Qualität der gemeinsamen Zeit. Es gibt viele Paare, die viele Jahre lang verheiratet sind und nur nebeneinanderher leben. Sie trennen sich nicht, weil sie es gewohnt sind, dass der andere da ist, aber sie versuchen auch nicht, ihre Probleme zu lösen. Das geht manchmal über Jahrzehnte, und dann bricht einer der beiden plötzlich aus, und alle wundern sich. Ist das wirklich erstrebenswert? Ist dies das Ziel einer Ehe? Bei anderen Paaren wiederum wird einer krank und stirbt. Sie hatten keine Jahrzehnte miteinander, aber die gemeinsame Zeit bis zur Krankheit war glücklich und schön. Was ist wertvoller? Wollen Sie wirklich auf die wunderschönen Jahre mit einem Partner verzichten, nur weil Sie Angst haben, ihn wieder zu verlieren?

**Wichtig ist nur die Qualität der gemeinsamen Zeit –
nicht die Quantität.**

Geld ist auch ein Gegenstand, den wir niemals besitzen können. Wir erarbeiten ihn uns, und er begleitet uns, doch wenn wir aus dem Leben scheiden, müssen wir das ganze Geld zurücklassen. Nichts davon können wir mitnehmen. Freuen Sie sich, wenn Sie welches haben. Grämen Sie sich nicht, wenn Sie zu wenig Geld haben.

**Die entscheidenden Dinge im Leben sind,
dass wir glücklich und gesund sind
und ein Dach über dem Kopf haben.**

Auch Reichtümer wie tolle Autos, Häuser und anderer Luxus können uns nur eine gewisse Zeit im Leben begleiten. Niemals sollten wir diese schönen Dinge als selbstverständlich hinnehmen. Wir sollten sie achten und ehren, solange sie in unserem Leben sind. Wenn sie nicht mehr da sind, geht davon die Welt nicht unter. Bevor wir uns diesen Gegenstand zugelegt haben, haben wir auch schon gelebt, und auch wenn der Gegenstand nicht mehr da ist, weil wir ihn uns etwa nicht mehr leisten können oder weil er kaputtgegangen ist, geht unser Leben weiter.

Genießen Sie, was Sie haben, aber machen Sie niemals Ihr Glück davon abhängig.

Das Leben ändert sich immer wieder, und die meisten Dinge und Menschen begleiten uns nur eine gewisse Zeit in diesem Leben.

**Das einzige, was immer da ist und Sie niemals verlässt,
ist Ihre Seele.**

Ihre Seele können Sie nicht verlieren, Sie können sie nur verleugnen und verraten, aber niemals verlieren.

Stellen Sie sich vor, Sie spielen mit Ihrer Familie ein Gesellschaftsspiel. Ihr Partner und Ihre beiden Kinder spielen mit, und jeder hat den Wunsch zu siegen. Nun stellen Sie sich vor, jeder von Ihnen vier wüsste genau, dass Sie heute das Spiel gewinnen würden. Sie wissen es, Ihr Partner weiß es, und Ihre beiden Kinder wissen es auch. Was meinen Sie, wer von den vier Personen Lust hat, das Spiel zu spielen? Keiner, und wenn überhaupt nur derjenige, der gewinnen wird – Sie. Warum hat keiner Lust? Weil es für alle Beteiligten langweilig ist, denn der Reiz des Spieles ist schließlich das Gewinnen.

Warum wollen Sie für alles im Leben Garantien?

Ist das Leben dann nicht nur langweilig, wenn Sie im Voraus wissen, was Sie alles schaffen und erreichen? Wenn bereits feststeht, wie Ihr Leben aussehen wird? Wozu sollen Sie sich dann noch anstrengen und leben?

**In Wirklichkeit haben Sie nichts zu verlieren,
aber alles zu gewinnen.**

Wer nichts wagt, kann auch nicht siegen. Also zeigen Sie Risikobereitschaft, und Sie werden tausendfach belohnt.

Jeder Mensch sollte immer vor Augen haben, dass die schönen Zeiten in der Waagschale des Lebens überwiegen. Auch wenn Ihnen das Leben bisweilen schwer und problematisch vorkommt, so entschädigen Sie die kurzen Augenblickes des Glücks für alles Leid, wenn Sie es nur zulassen.

Festhalten an der Zeit

Das Leben findet immer in diesem einen Augenblick statt.

Vergangenheit und Zukunft sind nur Täuschungen.

Wie ein Traum, den wir in der Nacht erlebt und für real gehalten haben, so sind die Vergangenheit und unsere Vorstellung von der Zukunft nur eine Auslebung unserer Fantasie. Wenn dies nicht der Fall ist, dann sind unsere Träume genauso real wie unser tägliches Erleben. Meiner Meinung nach stimmt beides in einer gewissen Art und Weise.

Wenn wir immer wieder über Vergangenes nachdenken und mehr Bewusstsein in dieser Zeit verleben oder immer wieder über die Zukunft grübeln anstatt den kostbaren Augenblick voll und ganz auszuschöpfen, dann berauben wir uns der Energie.

Vergangenes ist aus und vorbei. Dieser Augenblick wird in dieser Form niemals wiederkommen. Wir können die Vergangenheit nicht ändern und sie nicht manipulieren. Ob die Zukunft jemals so eintritt, wie wir sie uns vorstellen oder wünschen, steht in den Sternen.

Das einzige, was sicher und veränderbar ist,
ist das Hier und Jetzt.

Nur diesen einen Moment können Sie beeinflussen, und dazu steht Ihnen Ihre ganze Macht zur Verfügung. Erfreuen Sie sich an vergangenen schönen Zeiten, und träumen Sie auch hin und wieder von der Zukunft, aber leben Sie jetzt! Sie dürfen nicht immer wieder alten Zeiten hinterherjammern und nicht ständig auf bessere Zeiten hoffen. Die beste Zeit, die das Leben Ihnen beschert, ist jetzt.

Lieben Sie diesen Augenblick,
und Sie haben keine Probleme und Schwierigkeiten.

Denn in diesem Augenblick ist nur eins real: Sie lesen diese Zeilen. Alles andere, was vor ein paar Stunden, gestern oder vorgestern Schlimmes passiert ist, ist vorbei. Jetzt sitzen oder liegen Sie vermutlich gemütlich irgendwo und lesen diese Zeilen. Das ist Ihre Realität. Nichts anderes passiert in diesem Augenblick in Ihrem Leben. Haben Sie beim Lesen irgendein Problem? Warum ist Ihr Leben dann so schwer? Warum erkennen Sie nicht die Schönheit in jedem einzelnen Moment?

Bleiben Sie hier, und vergessen Sie alles, was war und Sie negativ beeinflusst hat. Die schönen Dinge der Vergangenheit dürfen Sie in Ihrem Herzen bewahren, aber alles andere dürfen Sie von Ihrer »Festplatte« löschen, denn es ist in diesem Augenblick nicht real. Es ist nicht Ihre derzeitige Realität.

Wenn wir an Vergangenem krampfhaft festhalten,
dann schneiden wir uns von unserer inneren Energie ab.

Auch das Grübeln über die Zukunft zieht uns energetisch in den Keller. Wir müssen lernen, den Augenblick des Lebens zu schätzen und zu lieben, denn dies ist alles, was wir im Leben haben werden. Nichts anderes kann uns mit unserer Seele und unserer Energie verbinden, nur das Hier und Jetzt.

Das Aufladen von Problemen anderer Menschen

Wir alle haben genug eigene Probleme.

Immer wieder werden wir durch das Leben selbst herausgefordert, geprüft und zum geistigen und seelischen Wachstum angeregt.

Immer wieder sehen wir uns schwierigen Situationen und vielen vermeintlichen Problemen ausgesetzt. Oft kommt das Gefühl auf, dass wir unsere Probleme nicht mehr bewältigen können. Immer wieder meinen wir, unter der ganzen Last zusammenzubrechen. Dennoch schaffen es fast alle von uns, denn die Seele hat sich genau diese Menge ausgesucht, die sie bewältigen muss – nicht mehr und nicht weniger.

Unsere Seele hat beschlossen, dass genau diese Schwierigkeiten uns zu unserem Ziel führen werden.

Daher können wir an unseren Problemen eigentlich niemals scheitern, denn sie dienen schließlich nur einem Zweck: dem seelischen Wachstum, das wir – das heißt unsere Seele – erreichen möchten.

Schwierigkeiten machen daher niemals unsere eigenen, sondern die Probleme anderer Menschen.

Sie dienen nicht unserem Wachstum und wurden auch nicht von unserer eigenen Seele geplant. Sie sind die Probleme von anderen Menschen und wurden von anderen Seelen geformt, um deren Wachstum zu ermöglichen.

Wenn wir uns fremde Probleme aufladen, sind diese eine starke Last. Sie drücken uns nieder, denn sie sind nicht lösbar, zumindest nicht für uns. Wir können sie auch nicht für den anderen lösen, denn sonst würde ja die andere Seele nicht daran wachsen. Diese fremden Probleme sind nichts als psychischer Ballast.

**Die Probleme anderer Menschen zwingen uns in die Knie
und berauben uns jeder Energie.**

Je mehr wir uns davon aufladen, desto kraftloser werden wir. Dies liegt an dem Umstand, dass wir unsere kostbare Energie sozusagen in die Luft schießen. Anstatt die eigene Energie für uns zu nutzen, verpulvern wir sie im wahrsten Sinne des Wortes, denn sie kann auch dem Problemträger nicht zugeführt werden.

Der Mensch mit den Problemen fühlt sich durch unsere intensive Beschäftigung mit seinen Schwierigkeiten kein bisschen besser, und wir sinken ebenfalls in ein energetisches Loch.

Ganz besonders stark von diesem Phänomen betroffen sind sensible Menschen. Sie fühlen mit ihren Mitmenschen und wollen allen helfen.

**Sensible Menschen neigen oft dazu,
anderen Menschen nicht nur beratend beiseitezustehen,
sondern die Probleme anderer als ihre eigenen anzusehen.**

Der andere klagt und jammert immer und immer wieder, denn kurzfristig hilft ihm die Aufmerksamkeit des Mitfühlenden auf der energetischen Ebene. Doch seine Probleme werden dadurch, wie bereits erwähnt, überhaupt nicht beseitigt. Im Gegenteil: Seine Probleme bekommen zusätzliche Energie und werden dadurch weiter am Leben gehalten.

Oft betroffen von diesem schädlichen Anteilnehmen sind Scheidungskinder. Viele möchten das Leid eines Elternteils verringern, indem sie den fehlenden Partner zu ersetzen versuchen. Oft merkt auch die Mutter oder der Vater selbst nicht, dass sie unbewusst ihre Kinder in diese Situation zwingen. Das Kind liebt seine Eltern und wünscht sich, dass sie glücklich sind. Dies ist aber nach einer Scheidung nur in den seltensten Fällen der Fall.

Anstatt dass die Partner nach der Trennung
endlich frei von Streitereien, froh, glücklich und lebenslustig sind,
ändert sich bei den meisten getrennten Paaren nichts.

Denn sie haben sich zwar getrennt, aber das eigentliche Problem wurde in der Regel nicht gelöst. Die Partner haben den einfachsten Weg gewählt: Sie sind davongelaufen. Der Grund oder die Gründe für das Scheitern ihrer Beziehung sind jedoch nach wie vor vorhanden und belasten die Seele. Aus diesem Grund ändern sich zwar oft die Namen und Gesichter der Partner, aber die Schwierigkeiten bleiben die gleichen.

Das soll jetzt nicht heißen, dass es keine »guten« und sinnvollen Trennungen geben kann. Ich möchte lediglich zum Nachdenken anregen, dass in den meisten Fällen zumindest ein Partner frustriert und lebens-»müde« zurückbleibt.

Die Kinder solcher Elternteile bekommen eine sehr schwere Last aufgebürdet. Sie versuchen, einen Elternteil, im schlimmsten Fall beide, aus der tiefen Frustration und Hilflosigkeit zu holen. Sie versuchen, den Partner, der aus dem Leben weggegangen ist, zu ersetzen. Sie versuchen, die große Lücke, die im Heim entstanden ist, zu füllen. Anstatt dass sich die Erwachsenen um das meist traumatisierte Kind kümmern, versinken sie oft in ihrem selbstgemachten Frust, und das Kind übernimmt die Elternrolle. Kommen zusätzlich finanzielle Sorgen ins Spiel, ist die Überforderung des Kindes vorprogrammiert.

Jedes Kind leidet unter dem Frust seiner Eltern.

Kinder wünschen sich nichts sehnlicher als glückliche Eltern, die sie liebevoll in die Arme schließen und ihnen das Gefühl von Geborgenheit, innerem Frieden und Lebensfreude vermitteln. Dies gibt Kindern die Energie und Kraft, das eigene Leben mit allen seinen Tücken und Herausforderungen zu meistern. Dies gibt ihnen die Stärke, einen guten Start in ein erfolgreiches Dasein zu haben. Mit »erfolgreich« ist hier nicht der materielle Sinn gemeint, sondern die seelischen Aufgaben, die es in diesem Leben zu meistern gibt. Kinder sind sehr empfindsam. Sie spüren jede Traurigkeit, jede Missstimmung, jede kleine Frustration. Ihre Instinkte sind viel besser ausgeprägt als die Erwachsener, die diese sensiblen und wertvollen Mechanismen oftmals unterdrücken. Daher leiden Kinder auch immer stark mit, wenn es ihren Eltern schlecht geht.

**Im Gegensatz zu Erwachsenen haben Kinder noch nicht gelernt,
Grenzen zu ziehen und
die Probleme des Gegenübers nicht als die eigenen anzusehen.**

Ganz im Gegenteil – oft genug entsteht bei Kindern die Meinung, dass sie etwas falsch gemacht hätten und an dem Unglück ihrer Eltern mitverantwortlich wären.

Diese Kinder opfern alles, was sie an Energie haben, für den Elternteil und bleiben dabei selbst leer und kraftlos zurück. Folgen sind mit Beginn der Pubertät aufkommende Aggressionen, drastischer Abfall der schulischen Leistungen und wiederkehrende körperliche Beschwerden, wie zum Beispiel häufige Infekte, Kopfschmerzen, Bauchschmerzen und Depressionen. Oft wird in dieser Lebensphase eine Flucht vor der Realität mit den nichtlösbaren Problemen durch Alkohol, Rauchen, Brutalität oder stärkere Drogen angestrebt.

Diese Jugendlichen meinen, ihre Probleme nicht lösen zu können, und wollen sie daher vorübergehend verdrängen.

Dies hat meist zwei Gründe: Erstens haben sie durch das Vorbild ihrer Eltern nicht gezeigt bekommen, dass man sich unschönen Situationen auch stellen kann, anstatt vor ihnen zu fliehen. Zweitens handelt es sich eigentlich nicht um die Probleme der Jugendlichen, sondern es waren ursprünglich Schwierigkeiten der Eltern. Daher sind sie für die Jugendlichen selbst nicht lösbar.

Der Alltagstrott

**Nichts ist so belastend für das eigene Energiesystem
wie ein uninspirierender Alltag.**

Der Alltag lässt sich nicht einfach abstellen. Er ist zwingendes Übel dieses Lebens.

**Man kann dem Alltag nicht entfliehen,
man kann ihn nur austauschen.**

Denn selbst wenn man sein ganzes Leben hinschmeißt und ein ganz anderes Leben beginnt, als man es zuvor geführt hatte, entsteht ein Alltag – er ist nur ganz anders als der alte. Die einzige Möglichkeit, die der Mensch hat, um seinem Alltag zu entkommen, ist die Integration von vielen kleinen und schönen Unterbrechungen.

Der Alltagstrott tötet alles in uns ab, wenn wir ihn gewähren lassen. Er tötet Freundschaften, Beziehungen, Freude, Glück und alle Energie.

**Mit jedem Tag, der wie der andere verläuft,
mit jeder Woche, die gleich wie die vorherige dahinfliegt,
sinkt unser Energiepegel gewaltig ab.**

Und nicht nur das: Auch das Gefühl, dass wir wahrhaftig leben, sinkt immer mehr in den Keller. Die Wochen und Monate vergehen und nehmen uns jeden Spaß am Leben, denn jeder Werktag sieht immer gleich aus.

Wenn hier nicht rechtzeitig Einhalt geboten wird, werden auf Dauer alles Leben und alle Energie abgetötet. Einhalt gebieten heißt in diesem Fall Fluchtpunkte, Abwechslungen, Auszeiten, Unterbrechungen des endlosen Kreislaufs schaffen. Kein Mensch hält dies sonst auf Dauer durch. Ohne das Auftanken neuer Energie sinken die Pegel dermaßen tief, dass keinerlei Kraft mehr zurückbleibt. Das einzige, was dann passiert, ist, dass man sich wundert, warum man auf einmal kaum mehr etwas schafft. Das Leben scheint einen zu zwingen, ruhiger zu leben und nicht wie verrückt im elenden Hamsterrad vorwärtszurennen.

**Wenn der Energiepegel sinkt,
sinken auch die Leistungen eines Menschen.**

Der Mensch braucht Freude, Zufriedenheit und Lebensgefühl, damit er auf Dauer seine Ziele erreicht. Nichts hemmt dies mehr als ein niedriges Energieniveau, und nichts senkt dieses mehr als ein langweiliger, ständig gleich ablaufender Alltag.

**Ohne Energie haben wir keine Kraft für Treffen mit Freunden,
wir haben keine Zeit mehr für unseren Partner,
keinen Nerv mehr für die Sorgen unserer Kinder.**

Wir funktionieren nur noch. Dies ist der Anfang vom Ende. Wir können nichts erreichen, wenn wir auf Sparflamme durchs Leben wandeln. Wir brauchen für Erfolg – in jedem Lebensbereich – unsere ganze Kraft und Stärke.

**Die meiste Zeit gehen wir alle
mit viel zu geringen Energiereserven durch die Welt.**

Nichts gelingt uns auf Anhieb, denn wir setzen schließlich auch nicht die volle Kraft ein, die theoretisch möglich wäre. Dies geht in dem Moment auch nicht, wenn die Energiereserven leer sind. Dann mögen wir zwar alles geben, was wir haben, aber dies reicht eben nicht für das ganze Ziel, sondern meist nur für »abgespeckte« Erfolge. Dies wiederum sorgt für Frust, und der Frust wiederum sorgt für neuen Energieabfall. Ein Teufelskreis entsteht, aus dem es im Alltag kein Entrinnen gibt. Das Entfliehen daraus ist nur mit anderen Maßnahmen machbar, nicht mit der Ursache – dem Alltag.

Vergessen Sie daher bei all Ihren Zielen und Erfolgen nicht das Leben an sich. Sorgen Sie für Abwechslung, sorgen Sie für kleine und größere Pausen, und Sie werden schneller und besser an Ihr Ziel gelangen. Verwöhnen Sie sich und Ihre Familie regelmäßig. Dies muss nicht immer materieller Natur sein.

Sorgen Sie für Fluchtpunkte, Träume und Freude im Leben.

Dann verfügen Sie auch wieder über die Energie und Kraft, Ihren Alltag zwischen den Pausen zu bewältigen.

Es gibt immer noch viele Menschen, die ein Leben lang hart gearbeitet und jeden Pfennig auf die Seite gelegt haben, nur um am Ende ihres Lebens festzustellen, dass dieses nun fast vorbei ist. Die verpassten Möglichkeiten können nicht mehr nachgeholt werden. Es reicht nicht, erst im fortgeschrittenen Alter mit dem Leben anzufangen. Viele Dinge kann man in diesem Alter nicht mehr nachholen, und manchmal lässt dies auch die Gesundheit nicht mehr zu. Das Geld kann man nicht mitnehmen, und meist danken es einem die Kinder auch nicht, dass man alles für das liebe Geld geopfert hat.

Kinder, Paare, Eltern, Freunde – alle brauchen Abwechslung im Leben. Es ist in Ordnung, nicht jeden Tag vierzehn Stunden mit Arbeit zu füllen. Es ist in Ordnung, am Wochenende die Füße hochzulegen und schöne Dinge zu unternehmen. Es ist in Ordnung, das Leben auch mit schönen Beschäftigungen anzufüllen.

**Wir sollten arbeiten, um zu leben,
und nicht leben, um zu arbeiten.**

Prüfungen im Leben

Wir müssen unsere Lektionen im Leben lernen,
immer wieder, jeden Tag aufs Neue.
Diese Lektionen sind schwer, sie kosten uns viel Kraft und Energie.

Wir bekommen sie solange auf dem Silbertablett serviert, bis wir die Lektionen endlich gemeistert haben. Doch was passiert danach?

Wenn wir im Leben immer wieder mit denselben Situationen konfrontiert werden, und jedes Mal die Möglichkeit erhalten, die Situation mit mehr Bravour zu meistern als beim letzten Mal, dann entwickeln wir uns weiter.

Wir wachsen an Ärgernissen und Problemen des Alltags
oder auch an den Schwierigkeiten des Lebens.

Nach langem Arbeiten an einem Thema spüren wir, dass wir die Situation endlich so gelöst haben, wie es unserem Inneren richtig erscheint und wie es im Sinne unserer Seele ist. Endlich haben wir eine schwierige und langwierige Aufgabe in unserem Leben gemeistert. Und was ist die Belohnung dafür?

Endlich wird das Leben uns leichter erscheinen, es wird uns entschädigen, es wird uns hofieren, und es wird uns belohnen für all die Probleme, die wir aus der Welt geschafft haben. Endlich sind wir wieder im Lebensfluss, endlich schwimmen wir wieder mit dem Strom der Energie.
Falsch gedacht!

**Das Leben, das Universum, der liebe Gott
oder unsere hartnäckige Seele prüfen uns bis zuletzt.**

Wir werden immer wieder geprüft, denn wir könnten erneut in unser altes Schema fallen. Wir könnten erneut die gleichen Fehler wie früher begehen – die Fehler, die wir meinten, hinter uns gelassen zu haben, die Fehler, die uns sehr viel Kraft beim Ablegen gekostet haben. Doch solange wir diese Situationen, die versuchen, uns erneut in die Knie zu zwingen, die versuchen, uns in unserem Elan zu beeinträchtigen, als Schwierigkeiten ansehen, gibt es noch eine kleine Hürde zu überwinden. So lange haben wir das alte Schema nicht hundertprozentig abgelegt. So lange besteht immer noch die Gefahr, wieder zurückzufallen in das alte Ich.

Das ist das Gefährliche an der Sache: Wir sind dankbar, froh und stolz, endlich das Richtige zu tun, aber anstatt jetzt nicht mehr mit derselben Problematik konfrontiert zu werden, bekommen wir sie trotz allem wieder serviert, nur mit anderen Variablen.

**Jetzt ist der Augenblick gekommen,
in dem wir zeigen können, wie stark wir sind,
wie ausdauernd und wie kraftvoll wir unser Leben bestreiten.**

Jetzt ist es an uns, zu zeigen, ob wir wirkliche Meister in den immer wiederkehrenden Problemen sind. Denn so einfach macht es uns das Schicksal nicht. Das Leben ist schließlich kein Kinderspiel, es ist ein harter Lernprozess, doch wir können dabei nur unendlich viel gewinnen.

**Meistern wir die erneuten Prüfungen des Lebens,
nachdem wir die Lektion bereits bestanden haben,
fließt uns so viel Energie zu,
dass wir nie wieder in demselben Bereich untergehen können.**

Die Energie, die wir dadurch freisetzen, trägt uns durch die nächsten Wirrungen im Leben, denn Schwierigkeiten werden in jedem Leben immer wieder auftauchen.

Sind unsere Energietanks voll mit pulsierendem Leben, erscheinen uns alle Probleme viel kleiner. Wir nehmen nicht mehr alles so ernst wie zuvor. Denn diese Kraft, die uns durchströmt, wenn wir mit unserer Seele im Einklang sind, ist mächtiger als alles andere. Sie ist die einzig wahre Kraft im Leben. Sie ist das einzig wahre Machtinstrument, das der Mensch erreichen kann.

**Diese Kraft, diese Energie ist das Lebensziel
eines jeden Menschen,
Viele sind sich dessen jedoch nicht bewusst
und suchen ihre Erfüllung im Außen.**

Wenn Sie noch Kraft sammeln müssen, um ein bestimmtes Ziel oder einen bestimmten Lernprozess zu erreichen, wenn Sie Mut aufbringen müssen, um das alte Fahrwasser zu verlassen, dann haben Sie den Prozess noch nicht hundertprozentig gelernt. Dann werden Sie weiterhin vor die gleichen Probleme gestellt. Dies geschieht immer und immer wieder. Dies geschieht so lange, bis es Ihnen in Fleisch und Blut übergegangen ist, so lange, bis Ihre Antwort wie aus der Pistole geschossen kommt, ohne dass Sie auch nur eine Sekunde lang überlegen müssen. Erst dann haben Sie die Situation vollkommen im Griff. Doch die kleinen Prüfungen des Lebens gehen weiter. Sie werden weiter getestet, ob Sie doch noch versagen. Das heißt, Ihre Seele testet Sie selbst, ob Sie nicht erneut in der Situation untergehen.

**Irgendwann ist das neue Verhaltensmuster
für Sie zur Regel geworden,
und dann scheinen die Prüfungen aufzuhören.**

In Wirklichkeit kommen die gleichen Probleme auf Sie zu, doch sie bedeuten keine Herausforderung mehr, sondern entpuppen sich als leicht zu meisternde Alltagssituationen, die keinerlei Schwierigkeiten bereiten und leicht zu bewältigen sind.

Mein großes Lernthema ist zum Beispiel die Grenzsetzung. Immer wieder habe ich es versäumt, andere in ihre Schranken zu weisen. Oft habe ich um des lieben Friedens willen viel zu viel hinuntergeschluckt und mich dabei verbogen. Meine Seele hat darunter gelitten, und der Druck wurde immer größer – der Druck, mich selbst zu betrügen. Also fing ich endlich an, den Mitmenschen Grenzen aufzuerlegen und das Gefühl in mir zu bestärken: Bis hierher ist es in Ordnung, aber keinen Schritt weiter. Das war nicht leicht, und ich bin zuallererst auf viel Widerstand von außen gestoßen. Schließlich waren meine Freunde, Bekannten und Arbeitskollegen ein derartiges Verhalten von mir nicht gewöhnt. Jedes Mal, wenn ich mein inneres Gefühl dargelegt habe und dem Gegenüber eine Grenze vermittelt habe, fühlte ich mich stark und gut, denn ich hatte den inneren Widerstand meines alten eingefahrenen Verstandes gebrochen und die Gefühle meiner Seele verteidigt. Ich fühlte mich dadurch befreit.

**Energie, Kraft und Lebensgefühl flossen mir zu.
Dadurch wusste ich, dass es richtig war,
diese Grenze zu ziehen und mit Bestimmtheit zu verteidigen.**

Meine Seele vermittelte ganz deutlich, dass dies ihr Wunsch und ihre Entfaltungsmöglichkeit waren. Ich fühlte mich, wie wenn meine Seele in ein Bündel aus Knoten eingeschnürt gewesen wäre und mit jeder Grenze ein Knoten geplatzt wäre, sodass sie ein bisschen mehr Freiheit erlangen konnte.

Ich war froh darüber, endlich Grenzen gezogen zu haben, und wollte das Thema Grenzen, das für mich schwierig zu überwinden gewesen war und mich jedes Mal viel Zeit und Energie gekostet hatte, hinter mir lassen. Doch dies ließ das Schicksal nicht zu. Immer wieder kamen erneute Herausforderungen auf mich zu. Immer wieder musste ich feststellen, dass Menschen, die eigentlich nicht dazu bestimmt waren, mich geradezu herausforderten. Sie zwangen mich geradewegs dazu, ihnen eine Grenze zu setzen. Immer deutlicher musste ich meine Grenzen ziehen und verteidigen, so lange, bis das Schicksal wirklich überzeugt war, dass ich es mit meiner Grenzsetzung auch wirklich ernst meinte. Immer öfter fuhr ich meine Krallen aus und weigerte mich, immer nur lieb und nett zu sein, nur um des lieben Friedens willen.

**Denn endlich begriff ich, dass ich mehr Frieden haben würde,
wenn ich deutlich meine Grenzen ziehen würde und nicht daran
rütteln ließe, als wenn ich alles hinunterschluckte.**

Denn die meisten Menschen nutzen das aus. Sie geben sich nicht mit dem zufrieden, was man ihnen freiwillig gibt, sondern sie wollen jedes Mal ein kleines bisschen mehr, so lange, bis die Grenze deutlich zu den Ungunsten ihrer Mitmenschen verschoben wurde, so lange, bis deren eigene Seele sich verbiegt, sich selbst fesselt und verschnürt und kaum noch Luft zum Atmen bekommt, so lange, bis der eigene Überlebensinstinkt der Seele erwacht und sich endlich wehrt und von den Fesseln befreit.

Grenzüberschreitung ist bei vielen Menschen ein großes Lernthema, aber sie ist nicht das einzige Problem, mit dem unsere Spezies konfrontiert wird. Jedes einzelne Thema im Leben gilt es, zu überwinden und daran zu wachsen. Jede Erfahrung dient unserer seelischen Entwicklung. Der Preis, den wir erringen ist Energie, Energie und noch mehr Energie.

**Eine gesunde, freie und hochentwickelte Seele
ist die beste Energiequelle des Universums.**

Richtig oder falsch –
Die Energie lügt nie

Oft im Leben stehen wir vor schwierigen oder wichtigen Entscheidungen und wissen nicht, was wir tun sollen.

Fieberhaft überlegen wir und wägen sämtliche Pros und Kontras ab. Wir wälzen das Problem hin und her, und es fällt uns schwer, endlich Nägel mit Köpfen zu machen. Der Bauch sagt oftmals: »Wage es endlich!«, doch mit dem Verstand hadern wir, ob wir die Situation nicht doch lieber so lassen sollen, wie sie ist.

Soll ich wirklich in eine neue Stadt ziehen? Den neuen Beruf ergreifen? Das schwierige Studium beginnen? Welchen Berufsweg soll ich einschlagen? Den sicheren Arbeitsplatz oder die Position als freischaffender Künstler wählen? Soll ich das teurere Haus nehmen oder lieber das Schnäppchenangebot, bei dem ich ein paar Kompromisse eingehen muss? Soll ich mich von meinem Partner trennen oder es lieber noch einmal versuchen? Möchte ich lieber Karriere machen oder eine Familie gründen?

Diese und tausend andere Fragen sind wichtige Entscheidungen in unserem Leben. Sie führen uns von dem derzeitigen Lebenspunkt aus auf Weg A oder Weg B. Anders ausgedrückt: Entweder wir gehen nach rechts oder nach links. Doch welche Entscheidung ist die richtige? Welches ist mein Weg? Welches ist meine Bestimmung? Was ist, wenn ich die falsche Entscheidung treffe? Was ist, wenn ich mit meiner Entscheidung auf die Nase falle?

Viele Menschen zögern vor dem Risiko. Viele Menschen wollen lieber beim Alten bleiben, aus Angst vor dem Neuen, aus Angst vor dem Unbekannten. Sie verzichten lieber auf das Großartige, denn wer weiß, ob sie nicht einen Fehler machen.

**Viele Menschen gehen lieber Kompromisse ein
und schlängeln sich fünfzig Mal an ihrem Lebensweg vorbei –
aus purer Angst davor, zu versagen.**

Doch dies ist genau das, was sie damit tun: Sie versagen in ihrem Lebensplan. Sie versagen sich die Möglichkeiten dieses einen kostbaren Lebens. Sie versagen sich selbst Glück, Freude und Frieden. Sie entscheiden sich für den Kampf, für Schmerz und für Unglück, nur weil sie sich selbst nicht vertrauen. Sie entscheiden sich für einen ständigen Disput mit ihrer Seele, denn ihre Seele kennt keine Angst, und sie hat sich längst dafür entschieden, diesen einen Weg zu gehen und nicht dafür, tausend Umwege zu gehen.

Für Ihre Seele ist jeder Tag Ihres Lebens kostbar.

**Jeder Augenblick dieses Lebens ist ein Gewinn,
den man nicht wegwerfen darf.**

Was sind schon beispielsweise achtzig Jahre in der Unendlichkeit dieses Universums? Für Sie mögen achtzig Jahre unendlich viele Augenblicke beinhalten, aber in Wirklichkeit gibt es immer nur den einen Augenblick. Und jeder Augenblick vergeht im Flug. Kaum war er da, ist er auch schon weg. Er ist Vergangenheit und kommt in dieser gleichen Form nie wieder. Ein neuer Augenblick mag ähnlich sein, aber niemals ist er gleich. Jeder einzelne Augenblick ist ein

Geschenk Ihrer Seele, ein Geschenk Gottes für Ihr Wachstum, für Ihre Entwicklung, für Ihr Reifen. Wie viele Millionen Jahre besteht diese Erde bereits? Was sind dann achtzig Menschenjahre? Und wie viele Menschen sterben bereits vor ihrem achtzigsten Geburtstag?

Nehmen Sie einmal an, Sie wüssten, wann der Augenblick Ihres Todes kommen würde. Stellen Sie sich vor, Sie wüssten, dass Sie genau heute in einem Jahr sterben müssten. Dies hieße, dass Sie ab diesem Zeitpunkt nur noch 525 600 Minuten hätten, bis Ihre Sanduhr abgelaufen wäre. Was würden Sie mit dieser Zeit anfangen? Seien Sie ehrlich!

Wenn Sie nicht mehr viel Zeit hätten, würden Sie versuchen, nicht eine einzige kostbare Minute zu verschwenden.

Sie würden all die Dinge tun, die Ihnen wichtig sind, die Dinge, die Sie immer auf die lange Bank geschoben haben. Sie würden die Zeit mit Menschen verbringen, die Sie lieben, Sie würden sich gerne den einen oder anderen Traum erfüllen, und Sie würden jeden dieser kostbaren Augenblicke genießen, jeden einzelnen.

Warum brauchen Sie dafür den Zeitpunkt Ihres Todes als Druckmittel? Warum nutzen Sie nicht jetzt schon jeden kostbaren Augenblick Ihres Lebens, denn nach der statistischen Wahrscheinlichkeit werden Sie nicht viel älter als achtzig Jahre. Das bedeutet, dass Sie jetzt schon wissen, wann Sie wahrscheinlich sterben. Also, warum fangen Sie nicht endlich mit dem Leben an?

Gehen Sie immer den richtigen Weg. Gehen Sie immer den direkten Weg. Sie ersparen sich dadurch viel Leid und Ärger. Sie müssen nur auf Ihr Innerstes hören, auf Ihre innere Stimme, auf Ihre Seele. Sie müssen nur Ihren zweifelnden und ängstlichen Verstand ausschalten, denn er vertritt niemals das, was Sie wirklich sind.

Der Verstand vertritt niemals Ihre Seele,
denn er agiert der Seele sogar meist entgegen.

Sie kann durch nichts und niemanden vertreten werden, auch nicht durch die ängstliche Stimme in Ihrem Kopf. Ihre Seele weiß genau, was gut für Sie ist. Sie führt Sie niemals auf den Holzweg. Sie strahlt ihr Licht immer auf den richtigen Pfad, um Ihnen zu zeigen, wohin Sie gehen müssen. Ignorieren Sie das Leuchten Ihrer Seele nicht. Folgen Sie bereits zu Ihren Lebzeiten dem Tunnel mit dem hellen Licht am Ende, denn dort liegt Ihre Bestimmung. Dort liegt Ihre Entscheidung zu Ihrem Leben. Dort liegt der Sinn Ihres Daseins auf Erden. Gehen Sie zum Licht, zum Licht in Ihrem Leben. Verlassen Sie die Dunkelheit, verlassen Sie den Schatten, verlassen Sie den Nebel, treten Sie hinaus in den strahlenden Schein Ihres Lebens.

Treffen Sie Ihre Entscheidungen selbst. Lassen Sie sich von den Menschen, die Sie lieben und denen Sie vertrauen, beraten, aber treffen Sie selbst die Entscheidung. Denn niemand anderes kann dies für Sie tun.

Eine richtige Entscheidung für Sie
muss nicht die richtige Entscheidung für Ihre Mitmenschen sein.

Für Ihren Nachbarn etwa kann das genaue Gegenteil vom dem, was für Sie richtig ist, das Richtige sein, denn Ihr Lebensweg ist nicht der seine und umgekehrt. Lassen Sie sich daher niemals zu sehr von anderen Personen beeinflussen, denn nur Sie selbst wissen, was richtig für Sie ist.

**Manchmal mag es richtig sein, das volle Risiko einzugehen,
auch wenn alles dagegen spricht.
Manchmal müssen wir uns überwinden,
um unseren Weg zu finden.**

Wir müssen manchmal unseren Verstand, unsere Angst und sämtliche Blockaden in uns überwinden, um zu unserer Seele zu gelangen.

Dies fällt jedem Menschen schwer, doch der Preis, der einem winkt, ist enorm. Es lohnt sich, über seinen eigenen Schatten zu springen. Es lohnt sich, über sich selbst hinauszuwachsen. Es lohnt sich, die Seele zu leben.

Wenn Sie sich entschieden haben, dann leben Sie diese Entscheidung. Bleiben Sie dabei. Wechseln Sie nicht immer wieder die Richtung wie eine Fahne im Wind, weil Sie Angst bekommen.

Leben Sie Ihre Entscheidungen, und stehen Sie dazu.

Wenn Sie dies tun, dann wird Ihre Seele Sie mit Energie überschütten. Die Dinge kommen auf einmal in Fluss, und alles fügt sich plötzlich wie von selbst. Auf einmal bekommen Sie den Weg klar und deutlich vor Ihre Füße gelegt. Schwierigkeiten, die zum Zeitpunkt der Entscheidung vorhanden waren, lösen sich in Luft auf. Die richtigen Menschen kommen auf Sie zu, die richtigen Situationen offenbaren sich Ihnen, neue Möglichkeiten eröffnen sich.

Sie haben mit Ihrer Entscheidung eine Tür geöffnet. Sie haben die Energie zum Fließen gebracht, und diese fließt nun wie durch einen Sog zu Ihnen zurück. Der Mensch wünscht sich diese Hilfe bereits vor der Entscheidung, aber denken Sie an die Prüfungen im Leben, die Sie zum Wachstum brauchen. Erst wenn Sie so weit sind, bekommen Sie die Belohnung. Erst wenn Sie etwas tun, bekommen Sie die Resonanz.

Erst müssen Sie agieren, dann kann die Energie reagieren.

Erst sind Sie gefragt, dann kann die Antwort kommen, und eine Antwort kommt immer.

Haben Sie die falsche Entscheidung getroffen, dann haben Sie die Tür verriegelt. Sie haben sich selbst von der Energie abgeschnitten, und dies spüren Sie ganz deutlich. Sie kommen von einer schwierigen Situation in die nächste. Nichts klappt, wie es soll. Nichts ist so, wie Sie es sich vorgestellt hatten. Statt einer Belohnung bekommen Sie nur noch Strafen. Das Leben ist Ihnen nicht mehr wohlgesonnen, denn Sie sollen deutlich merken, dass Sie auf dem Holzweg sind. Dies passiert übrigens auch, wenn man keinen Schritt gemacht hat, obwohl der Schritt notwendig gewesen wäre. In seinem alten Trott zu bleiben, heißt nicht, dass einem nichts Negatives zufließen kann.

Auch wenn Sie nur abwarten,
gehen Sie an Ihrem Weg vorbei, denn er wartet nicht auf Sie.

Er ist an einem bestimmten Punkt neben Ihnen, und Sie müssen nur den Schritt gehen, aber dann entfernt er sich wieder von Ihnen, und Sie bekommen eine ganze Zeit lang nicht die Möglichkeit, den Schritt nachzuholen. Dies nennt man verpasste Chancen. Nutzen Sie daher die Möglichkeiten im Leben, die sich Ihnen bieten, und zögern Sie nicht aus falscher Angst.

Sie haben bei der richtigen Entscheidung niemals etwas zu verlieren, sondern immer nur zu gewinnen.

Die Energie sagt Ihnen genau, welchen Weg Sie gehen. Die Energie sagt, ob Sie vorwärts gehen, seitwärts oder rückwärts. Die Energie leuchtet Ihnen den Weg, erst kaum sichtbar und dann immer heller. Sie müssen Ihrer Energie nur folgen. Sie müssen nur auf das Licht am Ende Ihres Weges zugehen.

Ein Tag im Leben mit viel Energie und mit wenig Energie

Energie hat einen sehr großen Einfluss auf unser Leben.

Je nachdem, über wie viel Energie wir verfügen, gestaltet sich unser Leben einfacher oder schwieriger. Die meisten Leute merken überhaupt nicht, wie stark der Einfluss von Energie auf ihren Alltag ist. Sie wundern sich nur, warum Ihnen an manchen Tagen überhaupt nichts zu gelingen scheint und an anderen einfach alles glattläuft. Ich möchte Ihnen den Unterschied nun noch einmal deutlich machen, damit Sie anhand Ihrer täglichen Routine selbst erkennen können, wie Ihr Energiehaushalt funktioniert.

Nehmen wir zu Beginn einen typischen Tag mit zahlreichen Haushaltspflichten: Sie kommen nach Ihrer Arbeit nach Hause und haben das Gefühl, daheim in einem völligen Chaos zu versinken. In der Küche steht noch das schmutzige Geschirr vom Morgen, im Eingangsflur haben Ihre Kinder ihre Schuhe und Schultaschen kreuz und quer hinterlassen. Im Wohnzimmer liegen noch die Tageszeitung und wichtige Post auf dem Tisch. Leere und halbleere Flaschen stehen herum. Die Bügelwäsche stapelt sich genauso wie die Schmutzwäsche, die beide dringend erledigt werden sollten. Allerdings sind einige Wäschestücke anstatt im Wäschekorb in den Kinderzimmern verteilt. Außerdem müssten Sie dringend Staub wischen, denn in zwei Tagen kommen Ihre Schwiegereltern zu Besuch. Bevor Sie aber mit dem Putzen beginnen können, müssen Sie erst die Unordnung in der Wohnung unter Kontrolle bringen. Sie stehen nun vor einem Berg an Arbeit und wissen überhaupt nicht, wie Sie das alles in der kurzen Zeit, die Ihnen bleibt, ordentlich erledigen sollen. Sie rennen kopflos hin und her, ständig fällt Ihnen ein, welchen Gegenstand Sie vergessen haben, und irgendwie scheint nichts vorwärts zu gehen. Zu allem Überfluss fällt Ihnen auch noch eine halbleere Flasche aus der Hand, und Sie müssen erst einmal wischen.

Immer wieder schauen Sie auf die Uhr und stellen fest, dass der Uhrzeiger in einer Geschwindigkeit rast, mit der Sie leider nicht mithalten können. Ihr Frustpegel und Ihre Verzweiflung steigen rapide an. Leider sinkt der Berg Bügelwäsche im Gegensatz dazu nicht einmal ansatzweise ähnlich ab. Im Gegenteil – ausgerechnet dieses Mal scheint der Korb mit der Bügelwäsche hauptsächlich mit delikaten Hemden und Blusen gefüllt zu sein. Bei den Socken, die Sie zusammenlegen wollten, finden Sie einige zum Stopfen, und an zwei Hemden reißen die Knöpfe ab, während Sie sie bügeln. Mittlerweile sind Sie völlig gestresst, denn Ihnen wird bewusst, dass Sie immer noch viele Stunden mit dem Chaos werden kämpfen müssen, und eigentlich ist Ihnen die Lust daran vollkommen vergangen. Am liebsten würden Sie sich jetzt einfach gemütlich auf die Couch setzten und die Füße hochlegen. Doch an so etwas können Sie gar nicht denken.

Vor einer Viertelstunde hatten Sie endlich den Eingangsbereich gesaugt und gewischt, als die Haustür aufgeht und Ihre Kinder mit schmutzigen Schuhen ins Haus stürmen und wieder einen großen Teil Ihrer geleisteten Arbeit ruinieren, noch bevor Sie rufen können: »Schuhe aus!«

Kommt Ihnen dieses Horrorszenario aus dem Haushalt bekannt vor?

**Dies ist ein ganz typisches Beispiel für einen Tag ohne Energie.
Alles scheint zu misslingen und schiefzugehen.**

Nichts geht so schnell, wie man es sich vorstellt. Sämtliche Steine bekommt man in den Weg geworfen. Nichts geht einem wirklich leicht von der Hand. Man selbst fühlt sich völlig überfordert und kopflos. Alles macht man umständlich, und nichts geht wirklich vorwärts. Eigentlich brauchte man in dieser Situation viel mehr Energie, als man zur Verfügung hat. Doch dies ist genau das Problem: Der Energiepegel ist dermaßen niedrig, dass man nur mit allergrößter Anstrengung seine Aufgaben bewältigen kann. Wenn der Energiemangel bereits chronisch ist, dann ist es auch möglich, dass die Aufgaben überhaupt nicht bewältigt werden können.

An Tagen, an denen Sie über viel Energie verfügen, läuft der Haushalt ganz anders als oben beschrieben. Sie wissen genau, wo Sie anfangen müssen. Abgesehen davon erscheint Ihnen der Kampf nicht als solcher und ist auch nicht aussichtslos. Alles gelingt auf Anhieb. Sie nehmen gleich die richtigen Dinge mit in den Keller, um sich später zusätzliche Wege zu sparen. Sie arbeiten sehr effektiv, und jedes Mal, wenn Sie auf die Uhr schauen, haben Sie den Eindruck, dass die Zeit kaum vergangen ist. Eigentlich meinten Sie, es müsste bereits viel später sein und sind dann freudig überrascht, dass Ihnen noch so viel Zeit bleibt, um die Dinge zu erledigen, die Sie sich vorgenommen hatten. Die Bügelwäsche sah schlimmer aus, als sie letztendlich war, denn es handelte sich um viele Handtücher, die schnell gebügelt waren. Sie sind bei der Arbeit besonders guter Laune. Es macht Ihnen Spaß, Ihr Heim wieder zu organisieren, und Sie singen dabei oder hören nebenbei Musik, die Sie beschwingt.

Dieser magische Unterschied liegt einzig und allein an Ihrem Energieniveau. Das Arbeitspensum ist dasselbe, aber diesmal stehen die Sterne für Sie, nicht scheinbar gegen Sie.

Durch Ihre Positivität strahlen Sie auch positive Schwingungen aus und ziehen keine negativen Zusatzkatastrophen an.

Daher sehen Ihre Kinder beim Hereinkommen, dass Sie gerade frisch geputzt haben und ziehen freiwillig die Schuhe aus, oder Sie sind vielleicht gerade in der Nähe des Eingangs und können sie rechtzeitig dazu auffordern.

Nun gibt es nicht nur Hausfrauen und -männer auf der Welt. Daher möchte ich nun ein weiteres Beispiel aus dem Berufsleben zeichnen: Stellen Sie sich vor, Sie arbeiten in einer Firma mit mehreren Angestellten im Büro. Drei- bis viermal im Jahr müssen aufwendige Vertragsvorbereitungen getroffen werden. Daher ist Ihr Beruf alle drei Monate extrem stressig, denn Sie tragen die Verantwortung dafür, dass alles rechtzeitig erledigt ist. Bei der Umsetzung haben Sie fünf Mitarbeiter zur Hilfe. Ihr direkter Chef ist allerdings wenig stressresistent und entwickelt sich jedes Mal zum »Kotzbrocken«, wenn es ihm zu viel wird. Nun steht wieder ein direkter Abgabetermin bevor. Innerhalb einer Woche muss alles vorbereitet sein, sonst verliert die Firma viele Aufträge und damit auch viel Geld.

Kommen wir nun zu einem typischen Tag mit wenig Energie: In der Früh läutet der Wecker, und Sie fühlen sich erschöpft. Die vergangene Nacht haben Sie sehr schlecht geschlafen, jede Stunde haben Sie auf die Uhr gesehen, daher fühlen Sie sich morgens völlig gerädert. Nachdem Sie sich noch dreimal umgedreht haben, bevor Sie endlich Ihr Bett verlassen, verzichten Sie aus Zeitgründen auf Ihren Morgenkaffee zu Hause. Schließlich können Sie den auch im Büro trinken, und Sie wollen nicht zu spät kommen. Müde steigen Sie in Ihr Auto und verfluchen den Morgen, denn anscheinend schaltet jede Ampel auf Rot, wenn Sie sie erreichen. Außerdem scheinen die anderen Verkehrsteilnehmer, zumindest alle, die vor Ihnen unterwegs sind, alle Zeit der Welt zu haben, denn Sie kriechen förmlich durch die Straßen. Gehetzt wandert Ihr Blick immer wieder zur Uhr, schließlich ist um Punkt acht Uhr eine Besprechung anberaumt, die Sie auf keinen Fall verpassen dürfen. Dort müssen Sie den Stand der Arbeit vor der Chefetage darlegen.

Völlig erledigt kommen Sie ein paar Minuten vor acht Uhr vor dem Bürogebäude an. Für den aufbauenden Kaffee vor der Besprechung haben Sie nun auch keine Zeit mehr. Durchgeschwitzt stürzen Sie um Punkt acht Uhr in den Besprechungsraum und stellen dabei fest, dass Sie Ihre Unterlagen im Auto vergessen haben. Nachdem Sie aber der letzte der Teilnehmer sind, der den Raum betritt, kommt es nicht mehr in Frage, die Unterlagen noch zu holen. Sie versuchen Ihren Vortrag, so gut es geht, aus dem Gedächtnis aufzusagen. Es gelingt Ihnen so einigermaßen, doch leider stellt Ihr direkter Vorgesetzter mehrere Detailfragen, die Sie ohne Unterlagen nicht mit genauen Zahlen beantworten können. Daraufhin werden Sie verbal angegriffen, ob Sie nicht genug Zeit gehabt hätten, die Unterlagen ordentlich und vollständig vorzubereiten. Sie stammeln eine Entschuldigung und versprechen, die Unterlagen später jedem der Anwesenden persönlich vorzulegen. Dies machen Sie allerdings mit dem Wissen, dass dies eine Menge Kopierarbeit bedeutet. Endlich ist die Besprechung vorüber, und Sie gehen als Erstes zur Kaffeemaschine, nur um festzustellen, dass sowohl Wasser als auch Bohnen nachgefüllt werden müssen. Weil im Moment keiner Ihrer Mitarbeiter verfügbar ist, gehen Sie zum Vorratsraum und suchen erst einmal die Kaffeebohnen. Endlich finden Sie eine Packung. Beim Aufreißen verschütten Sie allerdings einen ganzen Schwung auf den Boden. Daher müssen Sie nun erst einmal Besen und Schaufel suchen. Nach langem Hin und Her genießen Sie endlich Ihre Tasse Kaffee. Auf dem Weg in Ihr Büro stellen Sie fest, dass zwei Ihrer Mitarbeiter heute nicht im Haus sind. Der eine ist krank, und der andere kann wegen seines kranken Kindes erst in vier Stunden zum Arbeiten kommen. Das heißt nun, dass die Arbeit statt von sechs Personen von vier Mitarbeitern erledigt werden muss, und Sie haben die Verantwortung. Das heißt, dass Sie im Zweifelsfall Überstunden einlegen müssen. Doch heute Abend haben Sie eine wichtige private Verabredung.

Beim Arbeiten am Computer brauchen Sie eine gefühlte Ewigkeit, um eine bestimmte Aufgabe zu lösen. Beim Kopieren der Unterlagen aus dem Auto, die Sie auch noch einmal holen mussten, ist plötzlich das Papier im Kopierer aus. Sie legen neues ein, doch ein Zettel verheddert sich, und das Gerät zeigt Papierstau an. Ihr Chef ruft Sie an und fragt wütend, wo denn endlich die Unterlagen bleiben, während Sie noch mit dem Kopierer kämpfen. Überhaupt scheint Ihr Vorgesetzter heute mit dem falschen Fuß aufgestanden zu sein. Ständig platzt er bei Ihnen ins Büro und braucht immer wieder etwas anderes. Der Zeiger Ihrer Uhr scheint heute geradezu zu fliegen, und Sie stellen fest, dass nichts auf Anhieb so klappt, wie es sollte. Die Zeit rast und die Arbeit leider überhaupt nicht. Wegen dem Computerproblem haben Sie zwei Stunden kostbarer Zeit verplempert. Sie können es kaum fassen, dass es schon so spät ist. Als abends Ihr privater Termin näherrückt, haben Sie noch nicht einmal ansatzweise Ihre Aufgaben für heute erledigt. Daher beschließen Sie, morgen zwei Stunden früher anzufangen, um die Zeit wieder hereinzuholen. Anstatt den privaten Termin genießen zu können, sind Sie den ganzen Abend mit Ihren Gedanken bei der Arbeit, und Ihnen fällt immer wieder etwas ein, was Sie vergessen haben. In der Nacht träumen Sie die ganze Zeit von der Arbeit und haben das Gefühl, überhaupt keine Erholung zu bekommen.

Derselbe Tag mit einem hohen Energieniveau verläuft völlig konträr: Am Abend sitzen Sie entspannt bei Ihrem privaten Treffen, mit dem Wissen, heute erfolgreich gearbeitet zu haben und sich eine gute Erholung zu verdienen. Ihr direkter Vorgesetzter war heute ausnahmsweise sehr umgänglich und hat Sie weitestgehend in Ruhe gelassen. Morgens hatten Sie Zeit für eine warme Dusche und anschließend noch einen guten Kaffee zu Hause, zusammen mit der Morgenzeitung. Der Verkehr verlief recht ruhig, und fast jede Ampel war grün.

Den einzigen Unterschied macht Ihre Energie.
Das ist das ganze Geheimnis erfolgreicher Menschen.

Sie selbst entscheiden, wie Ihnen Ihr Alltag gelingt – ob es einen täglichen Kampf gibt, oder ob er Ihnen leichtfällt. Sie entscheiden, was Sie schaffen und was nicht. Es ist Ihre alleinige Entscheidung, es ist Ihr alleiniges Energieproblem. Sorgen Sie immer für ausreichend Energie, und Ihr Leben läuft fast wie von Zauberhand. Füllen Sie Ihre Energietanks, und alles kann Ihnen gelingen. Baden Sie in Energie, und genießen Sie jeden Augenblick Ihres Lebens, denn das Leben ist wunderbar.

Gibt es Negativität?

Wir Menschen teilen alles in unserem Leben ein.

Alles wird in eine Schublade gesteckt, alle Menschen, alle Tiere, alle Gegenstände, alle Taten und alles, was passiert. Alles wird bewertet. Anstatt die Dinge nur von außen zu betrachten und geschehen zu lassen, neigt der Mensch dazu, alles einzuteilen.

Wenn sämtliche Bewertungen, die mit unserer Sprache kreativ getroffen werden, genauer unter die Lupe genommen werden, dann bleiben nur folgende Einteilungen übrig: gut und schlecht, lieb und böse, positiv und negativ.

Alles wird in eine der von zwei Schubladen gesteckt. Alles wird mit einem der beiden Etiketten versehen. Es ist fast so, als würden wir die Welt nur mit unseren beiden Augen betrachten können, und das eine Auge sieht alles als gut an, das andere Auge alles als schlecht. Anstatt nun eine Mischung aus beidem zu sehen, verschließt der Mensch jeweils ein Auge und kann daher nur noch die Situation oder sein Gegenüber als gut oder schlecht ansehen. Die andere Komponente ist für den Menschen nicht mehr sichtbar. Doch so ist das Leben nicht. Es besteht nicht nur aus den beiden Extremen. Alles ist immer eine Mischung.

Es gibt weder gut noch schlecht, es gibt immer nur eine Kombination aus beiden Komponenten.

Es ist wie mit dem Licht: Licht existiert nicht ohne Dunkelheit. Und Licht enthält auch gleichzeitig einen gewissen Anteil an Dunkelheit, genauso wie Dunkelheit einen gewissen Anteil an Licht enthält. Bei der Betrachtung von Gut und Böse ist es genauso. In jedem Guten steckt etwas Böses und in jedem Bösen etwas Gutes. Das eine kann nicht ohne das andere existieren. Ich möchte Ihnen dies an einem sehr extremen Beispiel veranschaulichen:

Nehmen wir einen Menschen, der jahrelang junge Frauen überfällt, vergewaltigt und tötet. »Dieser Mensch ist böse«, sagen Sie. Das ist auch korrekt, aber ist er wirklich *nur* böse? Wenn er nur böse wäre, wie kann es dann sein, dass der gleiche Mensch seit Jahren unbescholten in seiner Gemeinde lebt und von den Nachbarn als netter Familienvater angesehen wird und von seiner Ehefrau als liebevoller Ehemann und Vater der beiden gemeinsamen Kinder betrachtet wird? Wie oft kommt es vor, dass die Bösartigkeit eines »bösen« Menschen keinem in seiner Umgebung auffällt? Ich denke, Sie werden mir recht geben, dass dies sehr oft der Fall ist. Außerdem können die Delikte auch viel kleiner sein. Wie viele Diebe, Räuber und Schläger leben unter uns? Wie viele Eltern, die ihre Kinder misshandeln? Wie viele Betrüger, wie viele Ehebrecher? Wie viele Unfallfluchtfahrer, die »nur« einen Kratzer in ein fremdes Auto gemacht oder einen Spiegel abgefahren haben? Sind sie alle schlecht? Sind sie alle böse?

Es kommt immer darauf an, auf welcher Seite wir stehen.

Wurden wir bestohlen, sagen wir eindeutig: »Ja, sie sind schlecht.« Erinnern wir uns aber an die eigenen Jugendsünden, als wir als Kind eine Packung Kaugummi gestohlen haben, dann sagen wir: »Ach das war doch nicht schlimm. Es war doch nur eine Packung Kaugummi. Das stört doch den Supermarkt nicht.« Doch der Supermarktbesitzer wird nicht nur um eine Kaugummipackung bestohlen worden sein, denn mehrere Jugendliche werden sich heimlich bedient haben. Für den Supermarktbesitzer sind sie böse gewesen, während es für die Jugendlichen selbst nur eine Mutprobe oder ein dummer Kinderstreich war.

Genau so ist es mit allem. Ein Mensch, der viel Böses tut, kann trotz allem einen guten Kern haben. Dies bedeutet natürlich nicht, dass ich jede Straftat entschuldige, bitte verstehen Sie mich nicht falsch. Wenn sich ein Kinderschänder herausredet, er wäre als Kind auch geschändet worden und seine Kindheit wäre so schrecklich verlaufen, dann rechtfertigt dies für mich niemals seine Tat. Denn er hatte die Wahl. Jeder Mensch hat die Wahl, aus etwas Schlechtem etwas Gutes entstehen zu lassen. Jeder Mensch kann die negative Prägung aus seiner Kindheit selbst weitergeben oder das genaue Gegenteil an die Nachkommen vermitteln. Es ist immer seine Wahl, und meiner Meinung nach braucht sich ein Straftäter niemals damit zu entschuldigen, wie böse seine Eltern waren, wenn er sich keinen Deut besser verhält. Was ich Ihnen vermitteln möchte, ist, alle Betrachtungsweisen einzubeziehen, bevor Sie über etwas urteilen.

Menschen, die Ihrer Meinung nach böse sind, haben sicherlich in anderen Situationen auch schon etwas Gutes im Leben geleistet.

Ein radikaler Terrorist, der andere Menschen mit in den Tod reißt, mag zuvor ein liebvoller Vater gewesen sein. Dies bedeutet, dass er bis zu seiner Tat ein normaler und vielleicht auch guter Mensch war. Nach seiner Tat wird alles gelöscht, und er wird nur noch als böse angesehen. Doch das Gute ist genauso Teil seiner Vergangenheit wie das Böse.

Genauso ist es mit Umständen, die geschehen. Wenn Sie Ihren Flug verpassen, weil es einen Stau auf der Autobahn gegeben hat, dann werden Sie das als negativ ansehen. Doch wenn die Maschine anschließend abstürzt, wird die gleiche Situation als positiv erachtet. Tatsache ist jedoch, dass es sich jedes Mal um einen Stau auf der Autobahn handelt.

Wenn Sie Ihren Arbeitsplatz verlieren, dann beurteilen Sie das als etwas Negatives. Wenn Sie danach einen neuen Arbeitsplatz suchen und eine Arbeit finden, die Ihnen mehr Spaß macht und mehr Geld einbringt, dann ist es plötzlich wieder positiv. Obwohl die Situation die gleiche ist: Sie haben Ihren Arbeitsplatz verloren. Doch wäre Ihnen nicht gekündigt worden, hätten Sie niemals nach einer neuen Stelle Ausschau gehalten und hätten daher niemals das bessere Arbeitsangebot bekommen können.

So ist das im Leben: Die Dinge sind niemals gut oder schlecht, niemals positiv oder negativ.
Die Dinge sind einfach so, wie sie sind.

Es ist immer nur unsere Betrachtungsweise, die der Situation einen Stempel aufdrückt. Niemals ist es die Situation an sich. Und es liegt auch immer an uns selbst, was wir aus einer vermeintlich schlechten Situation machen. Es liegt an uns, ob wir den Kopf in den Sand stecken und über das Leben jammern oder ob wir anfangen, uns zu erheben, den Kopf hochhalten und sagen: »Jetzt erst recht! Jetzt werde ich kämpfen, jetzt werde ich gewinnen, jetzt werdet ihr mich kennenlernen!« Wir haben jedes Mal die Wahl. Wir bestimmen selbst, was negativ oder positiv ist.

Und wenn wir einen geliebten Menschen verloren haben, dann können wir in Selbstmitleid über den großen Verlust vergehen und jahrelang das Leben beklagen, oder wir können nach einer gewissen Zeit der Trauer sagen: »Ich danke dir, Leben, für das Geschenk, das du mir gemacht hast, indem ich einen Teil meines Lebens mit diesem Menschen verbringen durfte. Ich danke dir, Leben, für die schöne Zeit mit diesem besonderen Wesen« und uns aufrichten und in liebevollen Gedanken an den besonderen Menschen, den das Leben uns schenkte und das Schicksal uns wieder genommen hat, unser Leben weiterleben.

Kein Mensch, der geht, möchte,
dass seine Angehörigen nur noch leiden und aufhören,
ihr eigenes Leben weiterzuleben.

Ihre Energie ist in Liebe um uns herum, und sie wünschen uns nur das Beste. Es macht keinen Sinn, das eigene Leben hinzuwerfen, nur weil etwas Schreckliches passiert ist. Das macht das Ereignis nicht ungeschehen, sondern es macht es zu etwas noch Schrecklicherem, als es ohnehin ist, denn gleichzeitig zerstören die Hinterbliebenen das kostbare Geschenk ihres eigenen Lebens, anstatt den Tod des Angehörigen zu achten.

Der Tod ist weder schlecht noch böse noch negativ.
Der Tod *ist* einfach.

Er ist immer nur das, was wir daraus machen. Achten Sie die Seele des Menschen, der von Ihnen gegangen ist. Achten Sie die Seele, indem Sie seinen Tod respektieren, egal unter welchen Umständen dieser eingetreten ist. Keine Seele will den Schmerz des anderen. Es sind nur Menschen, die anderen schaden wollen, aber niemals deren Seelen. Denken Sie an die Seele, die weitergegangen ist. Lieben und achten Sie sie, aber lassen Sie sie in Frieden gehen. Halten Sie die Seele nicht mit Ihrem endlosen Kummer und Schmerz fest, halten Sie sie nicht gefangen. Lassen Sie die Seele gehen, und sie wird trotz allem immer mit Ihnen in Verbindung bleiben.

Sehen Sie in jedem »Schlechten« das Gute. Verwandeln Sie alles Böse in Liebe. Denn das eine ist niemals ohne das andere vorhanden. Niemals gibt es das Böse isoliert, doch genauso wenig gibt es das Gute isoliert in unserer Welt. Sie können nur beides gemeinsam haben und auch nur beides gemeinsam leben. Sie haben in jedem Augenblick Ihres Lebens die Wahl. Niemand kann und wird sie Ihnen abnehmen. Es ist Ihre Entscheidung, wie Sie Ihr Leben bewerten. Es ist Ihre Entscheidung, ob Ihr Leben gut oder böse, schön oder schlecht, positiv oder negativ ist. Sie haben die Wahl, wie der endlose Kreislauf Ihres Lebens weitergeht, was Sie nach Ihrer Bewertung ins Leben ziehen, ob Sie Gutes oder Schlechtes zu sich holen, ob Sie voller Energie weitermachen wollen oder mit Mühe und Not die nächsten Aufgaben bewältigen wollen.

**Positivität bedeutet viel Energie in Ihrem Leben
und in Ihrem Körper,
und Negativität bedeutet wenig Energie und Kraftlosigkeit.**

In keinem Leben kann es immer nur steil bergauf gehen. Jeder noch so große Glückspilz muss durch tiefe Täler hindurch. Immer und immer wieder werden Tiefen in unser Leben treten, und immer wieder liegt es an uns selbst, wieder aufzusteigen. Das ganze Leben besteht nur aus diesen Auf-und-ab-Wellen. Es liegt nur an unserer

Bewertung, ob es auf einer Ebene weitergeht oder ob wir die Täler als stärker empfinden als die Höhen. Und wenn Sie sich gerade in solch einem Tal befinden, dann freuen Sie sich, denn Sie wissen genau, dass es nun wieder aufwärtsgeht.

**Nehmen Sie die Situation an, wie sie ist,
bewerten Sie sie nicht. Lassen Sie sie einfach geschehen.**

Stellen Sie sich vor, Sie liegen mit einer schweren Erkältung im Bett. Sie haben Fieber und Gliederschmerzen. Die Medikamente helfen nur kurzfristig, und Sie fühlen sich schlapp und kaputt. Was werden Sie tun? Sie legen sich ins Bett, schlafen möglichst viel und rebellieren nicht gegen den Zustand, denn dazu fehlt Ihnen die Kraft. Sie warten einfach darauf, dass der schlechte Zustand vorübergeht und es Ihnen morgen vielleicht schon viel besser geht. Genauso müssen Sie es mit einer Talsohle handhaben: Wehren Sie sich nicht dagegen, nehmen Sie die Situation an. Selbst wenn sie noch so unerträglich erscheint – sie geht vorbei. Warten Sie einfach darauf, dass der nächste »Morgen« kommt und es Ihnen wieder besser geht. »Schlafen« Sie viel, d. h. schalten Sie ab, vor allem Ihren Kopf, der immer wieder dasselbe Problem durchkaut und dennoch keine Lösung findet. Lassen Sie das Negative einfach an sich vorüberziehen wie eine schwere Erkältung, denn alles ist irgendwann vorbei.

**Je mehr Sie sich gegen eine Situation auflehnen,
desto mehr Energie geben Sie ihr.
Daher wird sie umso länger bestehen,
je mehr Sie dagegen ankämpfen.**

Denken Sie immer daran, dass erst auf ein Tief ein Hoch folgen kann, dass es Sieg nicht ohne Niederlage gibt, dass ein Zustand nicht ohne den anderen existieren kann, dass Licht und Schatten eigentlich eins sind.

**Wenn Sie nur noch das Schlechte sehen können,
dann malen Sie sich stets eine noch viel schlimmere Situation aus
als die, in der Sie sich wirklich befinden.**

Überlegen Sie einmal bewusst, wie viel schlechter Ihr Leben wäre, wenn dieses und jenes zusätzlich passieren würde. Lassen Sie Ihre Fantasie sämtliche Horrorszenarien durchgehen, die im Leben passieren können. Betrachten Sie dann Ihre tatsächliche Situation, und freuen Sie sich, dass Ihr Problem nicht so schlimm ist, wie es sein könnte.

**Viele Menschen sehen bereits Kleinigkeiten als Weltuntergang an,
doch wenn man diese Dinge genauer betrachtet,
stellt man fest, dass es sich nicht wirklich um Probleme handelt.**

Es sind Herausforderungen und Aufgaben, aber in den wenigsten Fällen wird die Existenz oder das Leben selbst bedroht. Es sind meist nur Unannehmlichkeiten, die als schwerwiegende Probleme aufgebauscht werden. Wenn andere Menschen diese Probleme haben und wir sie von außen betrachten, erkennen wir meist schnell, dass es sich lediglich um Probleme handelt, die gelöst werden können. Bei uns selbst erscheinen sie jedoch als unlösbar, weil wir die Situation nicht annehmen.

**Dadurch rutscht unser Energiegehalt in den Keller,
und die Probleme scheinen sich auszuweiten.**

Dies tun sie auf energetischer Ebene tatsächlich, denn die Energie, die wir ihnen geben, nährt sie. Dadurch berauben wir uns selbst der Kraft, die Probleme angehen zu können, und ziehen oft noch weitere Schwierigkeiten zu uns.

Daher ist der Schlüssel für Problembewältigung, anzunehmen und zu akzeptieren, dass unser Leben im Moment so ist, wie es ist, und sich klarzumachen, dass es im nächsten Moment bereits wieder anders sein wird.

Damit meine ich aber nicht, dass wir uns nicht aktiv gegen eine bestehende negative Situation einsetzen sollten – im Gegenteil: Aktion ist sogar sehr wichtig. Wenn wir etwa keine Arbeitsstelle haben, wird uns ohne jeglichen Einsatz sicherlich keine Stelle zufliegen. Hier müssen wir selbst aktiv werden und uns um eine Stelle bemühen. Allerdings müssen wir die Tatsache, dass wir im Moment keine Arbeit haben, als gegeben hinnehmen und dürfen uns nicht emotional dagegen auflehnen.

**Manchmal muss etwas vermeintlich Negatives geschehen,
damit überhaupt erst etwas Positives daraus entstehen kann.**

Energie geht niemals verloren

Energie geht niemals verloren, sie wandelt sich nur.

Energie ist immer und überall. Wir können sie nicht entfernen, nicht wegnehmen, denn sonst bleibt nur das Nichts.

Energie ist immer da und bleibt immer da.

Alles ist geprägt von Energie. Jede Energie hinterlässt ihre Spuren, ihre Eindrücke. Es ist wie mit Fußspuren im Sand: Selbst wenn der Wind darüberstreicht und die Spur nicht mehr sichtbar ist, gibt es sie dennoch, und der Fuß hat seinen Abdruck hinterlassen. Auch die Energie hinterlässt Spuren und Abdrücke.

Da wir Menschen Energie sind, hinterlassen wir überall unsere Spuren. Wir prägen die Dinge um uns herum. Wir prägen die Orte, an denen wir waren. Wir hinterlassen einen energetischen Abdruck, einen energetischen Schleier. Jeder Mensch hinterlässt dabei eine ganz eigene Signatur. Niemals ist der energetische Abdruck eines Menschen identisch mit dem einer anderen Person. Jede Energie und jeder Abdruck hat sein eigenes Muster.

**So wie wir Menschen einzigartig sind,
ist es auch unsere Energie.**

Wir können diese Prägungen spüren. Wenn wir etwa in einen Raum mit mehreren Stühlen kommen, in dem wir uns schon zuvor aufgehalten haben, möchten wir uns möglichst wieder auf denselben Platz setzen, an dem wir auch zuvor saßen. Dieser Stuhl ist bereits energetisch von uns geprägt. Es ist unser Platz, unser Stuhl, denn unsere Energie haftet an ihm. Wir fühlen uns mit diesem Ort verbunden. Auf einem anderen Stuhl würden wir uns nicht so wohl und zu Hause fühlen wie auf dem Stuhl, auf dem wir bereits unsere Spuren hinterlassen haben.

Auch ein Lied, das uns an eine bestimmte Situation erinnert, wird immer wieder diese Situation in unser Bewusstsein rufen, wenn wir es hören, denn die Situation hat dieses Lied geprägt. Die Energie dieser Situation haftet immer noch an dem Lied, und wir sind mit dieser Energie verknüpft.

**Gegenstände, die wir verschenken,
sind immer von unserer Energie geprägt.**

Der Beschenkte kann sie spüren und fühlen, denn unsere Energie wird immer daran haften bleiben. Je länger der Gegenstand mit uns verbunden war, desto intensiver ist unser energetischer Abdruck. Auch Gegenstände, die wir zwar nur kurz bei uns hatten, diese aber mit vielen Emotionen und Gefühlen versehen haben, sind stark von unserer Energie geprägt.

An Briefen haftet ebenfalls viel Energie, besonders wenn sie handgeschrieben sind. Wenn wir einen solchen Brief lesen, ist es, als ob die Person, die ihn schrieb, neben uns steht. Wir können ihren energetischen Abdruck in diesem Augenblick sehr intensiv spüren.

In einem Raum, in dem es einen heftigen Streit gab, hängt auch, nachdem die betreffenden Personen ihn verlassen haben, noch die drückende Energie des Streits in der Luft.

**Räume nehmen allgemein sehr stark die Energie
der Person in sich auf, die sie bewohnt.**

Dies ist vor allem in Schlaf- und Wohnzimmern deutlich spürbar
oder in anderen Räumen, in denen die jeweilige Person sich besonders oft aufhält.

Auch an diesem Buch, das von mir geschrieben wurde, haftet eine
ganze Menge meiner Energie, die Sie mit jedem Satz, den Sie lesen,
fühlen und spüren. Dieses Buch wurde durch mich geschrieben
und ist dadurch von mir geprägt. Genauso ist es mit jedem anderen
Buch und auch mit jedem Lied, das von seinen Interpreten geprägt
ist.

**Historische Orte, an denen sehr emotionale Ereignisse stattge-
funden haben, sind sehr stark von diesen Ereignissen geprägt.**

Die Energie der damaligen Situation und der Personen, die daran
beteiligt waren, können noch viele Jahrhunderte danach gefühlt
werden. Manche Hellseher können die Situation deutlich vor ihrem
inneren Auge wahrnehmen.

Die Energie verstorbener Menschen ist ebenfalls noch nach ihrem
Ableben deutlich zu spüren. Manchmal haben wir ein Gefühl, als
ob die verstorbene Person hinter uns steht oder neben uns sitzt. Wir
können sie deutlich wahrnehmen, wenn wir uns auf dieses Gefühl
einlassen. Der Verstand gaukelt einem zwar oft vor, dass dies nicht
sein kann, aber unser Innerstes weiß es besser. Wie wir lebenden
Menschen sind auch Geister eine Erscheinungsform von Energie.

**Beim Tod schwindet die schwere, dichte Energie unserer Physis,
und der leichtere, transparente Energiekörper
– das exakte Ebenbild des materiellen Körpers –
tritt in den Vordergrund.**

Da Geister von der dichten Energie des materiellen Körpers befreit sind, vibrieren sie in einer Schwingungsfrequenz, die wir nicht messen können und die daher nur durch Hellsicht gesehen werden kann.

**Das Jenseits ist kein Ort auf einer Landkarte,
sondern ein energetischer Seinszustand.**

Wie das materielle Universum besteht die geistige Welt, das Jenseits, aus vielen unterschiedlichen energetischen Dimensionen mit ganz eigenen Schwingungsfrequenzen. Jede einzelne Dimension entsteht durch ihre spezielle Schwingungsfrequenz. Dabei gibt es aber keine exakten Grenzen zwischen den einzelnen Dimensionen, sondern eine Dimension greift in die nächste über. Damit lassen sich Geistererscheinungen und Medialität erklären.

Wir Menschen sind uns dieser vielen Schwingungen in unserem Dasein meist nicht bewusst. Dennoch sind sie vorhanden. Allerdings können sich nur die wenigsten auf diese hohen Schwingungsfrequenzen einstellen. Dies gelingt nur durch angeborenes Talent oder langes Training.

**Meditation ist eine der schnellsten Methoden,
um die eigene Schwingungsfrequenz zu erhöhen.**

TEIL III

KRANKHEITEN UND ENERGIE

Energie bei Gesundheit und Krankheit

Ich bin davon überzeugt,
dass unsere ganze Welt viele Geheimnisse aufweist
und viel Unbekanntes, das unser Leben massiv beeinflusst,
aber sich unserem Wissen entzieht.

Das Gleiche gilt für unseren Körper. Die Medizin hat den menschlichen Körper in sämtliche Einzelteile zerlegt, und viele wissenschaftliche Erkenntnisse sind daraus entstanden. Viele Krankheiten, die etwa vor hundert Jahren noch tödlich waren, sind heute durch die Medizin entschlüsselt und durch kleine Maßnahmen leicht zu beherrschen. Dennoch sterben Menschen nach wie vor auch in jüngeren Jahren.

Immer noch gibt es Krankheiten, gegen die der Mensch
mit seiner modernen Medizin machtlos ist.

Es gibt immer noch Menschen, die sich schlecht fühlen, obwohl medizinisch nichts gefunden wird, was diesen Zustand begründet. Bilden sich die Menschen alles nur ein, oder leiden sie wirklich an etwas – etwas, was die moderne Medizin bis heute nicht entschlüsselt hat, was wir mit unseren fünf Sinnen und der heutigen Technik nicht erkennen können?

Wenn man sich umschaut, gibt es eigentlich sehr wenige
Menschen, die keine Beschwerden haben,
die nicht unter irgendwelchen banalen Krankheiten
oder Schmerzen leiden.

Die einen tolerieren es nur besser als die anderen, doch wer ist schon körperlich hundertprozentig gesund? Ist das überhaupt möglich? Es stellt sich zuerst einmal die Frage, was denn Gesundheit überhaupt heißt.

Ich gebe Ihnen ein Beispiel: Es gibt Menschen, die sich gesund fühlen, aber kleine Wehwehchen haben, die sie nicht besonders ernst nehmen. Sie fühlen sich müde und nicht mehr so kraftvoll wie vor einem Jahr, aber ansonsten geht es ihnen gut. Viele Menschen sind zwischendurch einmal müde und schlapp, deshalb sind sie doch nicht gleich krank, oder? In diesem Moment ist der Mensch »gesund«. Dann geht er zum Arzt und lässt sich untersuchen, weil sich sein Zustand nicht verbessert, oder weil die Vorsorgeuntersuchung fällig ist. Der Arzt findet einen Tumor, der sehr weit fortgeschritten ist. Der betroffene Mensch wird daraufhin von Kopf bis Fuß eingehend untersucht und erhält die Diagnose einer Krebserkrankung im Endstadium. Seine Lebensuhr ist also quasi abgelaufen. Nun ist er »krank«. Wäre er aber nicht beim Arzt gewesen, wäre er von der Definition her immer noch gesund, obwohl er schon längst krank war. Andere Menschen fühlen sich ein Leben lang krank und werden damit neunzig Jahre alt. Meiner Meinung nach lassen sich die Begriffe »Gesundheit« und »Krankheit« nicht eindeutig definieren.

Der Übergang zwischen Gesundheit und Krankheit ist fließend.

Bei einer Krankheit können wir immer nur die Spitze des Eisbergs erfassen, niemals aber den ganzen Eisberg, obwohl er sehr wohl vorhanden ist.

Genauso wie Gesundheit schwierig zu fassen ist, ist auch Krankheit ein schwammiger Begriff. Doch viel wichtiger ist die Frage, wie Krankheit entsteht und woher sie kommt.

Warum bekommen manche Raucher Lungenkrebs und andere nicht? Warum bekommen nicht alle Raucher Lungenkrebs? Warum bekommen diese Erkrankung auch Nichtraucher? Ist wirklich das Rauchen hierfür verantwortlich, oder begünstigt es die Erkrankung nur?

Für Krankheiten gibt es materielle Auslöser,
doch die Ursache liegt meist viel tiefer.

Die Ursache der Erkrankung ist eine ganz andere. Sie liegt tief in unserem Inneren. Die Ursache können wir nicht sehen, und wir können sie oft auch nicht erfassen.

Wir sind nicht nur unser Körper, wir sind auch unsere Seele. Und so sind unsere Taten nur Ausdruck unserer Vorstellung. Unsere Worte sind Ausdruck unserer Gedanken, und unser Körper richtet sich nach unserem Inneren.

Unser physischer Körper ist nur unsere Ausdruckskraft,
er ist nur unser Hilfsmittel und unser Vehikel in dieser Welt.

Er richtet sich nach unseren Gefühlen, nach unseren Emotionen und Gedanken. Er reagiert auf unsere Worte. Er richtet sich nach unserem Denken. Unser physischer Körper ist immer abhängig von unserem wahren Ich, von unserem inneren Kern, von unserer Seele.

**Wenn die Seele beschließt, diese Welt zu verlassen,
dann kann der Körper auf Dauer nichts dagegen unternehmen.**

Der Körper kann nicht ohne Einklang mit der Seele existieren, er ist von ihr abhängig. Die Seele befiehlt, und der Körper richtet sich danach. Die Seele ist der Ursprung von allem, auch von Krankheit.

Der Tod aus energetischer Sicht

So wie der Schlaf unseren Tag beendet,
beendet der Tod unser hiesiges Leben.

Der Tod steht am Ende unseres irdischen Lebens.

Doch was passiert beim Tod? Was geschieht in unserem Körper? Was beendet unser Dasein auf dieser Erde?

Am Ende eines jeden Lebens steht das Herz still, und der ewige Kreislauf von Einatmen und Ausatmen ist beendet. Dies ist bei allen Todesarten gleich. Egal ob es sich um einen Unfalltod, eine Vergiftung, einen natürlichen Tod oder ein Mord handelt – immer ist das Ende gleich. Am Ende eines jeden Lebens stellen Herz und Lunge ihre Arbeit ein.

Auch bei einem Multiorganversagen ist das Ende erst da, wenn Herzschlag und Atmung ausgesetzt haben. Die Frage ist nur: Warum arbeiten diese beiden Organe ein Leben lang, ohne dass sie bewusst betätigt werden müssen, und hören im Angesicht des Todes damit auf? Mit unserem Dasein auf der Erde kann es nicht allein zusammenhängen, denn bereits im Mutterleib schlägt das Herz eines Kindes. Irgendeine Instanz muss dafür sorgen, dass Atmung und Kreislauf im Körper ohne Unterbrechung funktionieren, und irgendwann muss diese Instanz einfach aufhören zu arbeiten. Aus medizinischer Sicht handelt es sich um das Gehirn. Es steuert Atmung und Kreislauf sowie andere wichtige körperliche Vorgänge. Doch wieso hört es im Tod damit auf?

Der langsame Tod

Der Körper von Menschen, die durch Krankheit oder Alter langsam auf den Tod zugehen, verändert sich zunehmend. Es kommt immer mehr zum körperlichen Verfall.

Der Körper löst sich scheinbar vermehrt vom Leben.
Vielen Menschen sieht man es bereits vor ihrem Tod an,
dass sie nicht mehr lange leben werden.

In so einem Körper zieht sich etwas zurück und bereitet sich darauf vor, die physische Hülle zu verlassen.

Es ist die Energie, die immer mehr abnimmt. Es ist die Energie, die immer mehr aus dem Körper weicht. Das Gesicht dieser Menschen verändert sich. Ihr Blick wird anders. Die Lebensenergie beschließt, diesen Körper zu verlassen. Mit jedem Tag entweicht diesen Menschen mehr Kraft und Stärke, und sie bauen plötzlich körperlich massiv ab. Die Körperfunktionen fangen an, nachzulassen, oder sie versagen vollständig. Angehörige bemühen sich in dieser Phase oftmals umsonst. Die Energie entweicht immer mehr, und niemand kann etwas dagegen tun. Auch der sterbende Mensch selbst, der sich mit aller Macht an das Leben klammert, schafft es nicht mehr, dagegen anzugehen, dass sein Körper immer mehr verfällt.

Oft altern die Menschen kurz vor ihrem Tod gewaltig.

Eigentlich waren sie noch jung, aber ihre Haare ergrauen oder fallen aus, und ihre Haut wird grau und faltig. Sie verlieren an Gewicht, und die Muskulatur nimmt ab. Auch die Aura, die Energiewolke um ihren Körper herum, wird immer kleiner, bis sie einige Zeit vor dem Tod überhaupt nicht mehr vorhanden ist. Die Bewegung der Chakren nimmt ab, und die Schwingung im Körper verringert sich.

In den letzten Stunden vor dem Tod,
wenn der Mensch schon fast nicht mehr vorhanden scheint,
wenn nur noch die körperliche Hülle am seidenen Faden hängt,
kann man deutlich den Rückzug der Energie
aus dem Körper beobachten.

Genauso deutlich ziehen sich oftmals Puls und Atmung zurück. Die Seele kommt meist nur noch kurze Augenblicke durch, ansonsten scheint sie nicht mehr im Körper zu sein. Es ist wie ein Zustand zwischen Leben und Tod. Noch ist die Seele mit dem Körper leicht verbunden, aber sie ist meist nicht mehr in der physischen Hülle.

Nur noch ein kleiner energetischer Rest sorgt für die letzten Körperfunktionen von Puls und Atmung. Wie eine Maschine arbeiten beide Systeme und halten den Körper noch am Leben. Doch dieser entschwindet immer mehr. Alles zieht sich aus dem Körper zurück, und auf einmal hört das Atemgeräusch auf. Das Herz hört auf zu schlagen, und die Atmung setzt aus. Der Mensch ist tot. Er hat unsere Welt verlassen. Alles, was noch übrig ist, erscheint wie eine leere Hülle. Deutlich merkt man, dass nichts mehr von dem Menschen an sich da ist.

Der tote Körper ist wie abgestreifte Kleidung,
wie eine ausgezogene Maske.

Er ist nicht mehr das Wesen, das man geliebt hat. Nicht mehr der Mensch, den man gekannt hat. Er ist nur noch ein lebloser Körper. Der Gesichtsausdruck ist nicht mehr derselbe wie zu Lebzeiten. Der Körper ist einfach nur leer, leer an Seele, leer an Energie.

Der plötzliche Tod

**Bei Menschen, die plötzlich aus dem Leben scheiden,
kann sich die Energie nicht langsam zurückziehen.
Plötzlich wird sie aus dem Körper gerissen,
meist von einer Sekunde auf die andere.**

Diese Seelen sind verwirrt, sie verstehen nicht, was passiert ist. Sie hatten nicht die Möglichkeit, sich langsam auf den Tod vorzubereiten. Sie konnten nicht Abschied nehmen. Von einem Moment auf den anderen sind sie weg von dieser Welt, weg von ihrem bisherigen Leben, weg von den Menschen, die sie lieben. Sie sehen ihren Körper, aber es gelingt ihnen normalerweise nicht mehr, sich mit ihm zu verbinden. Erst jetzt, im Tod, erkennen sie, wie schön ihr Leben war. Erst jetzt sehen sie, was sie alles hatten. Erst jetzt begreifen sie, was sie gerade verloren haben. Doch der Lebenszug ist für dieses Mal abgefahren. In der Regel lässt sich nichts daran ändern. Alle Dinge, die man hätte anders machen wollen, fallen der Seele ein. Alle verpassten Chancen kommen ins Bewusstsein, alle Fehler, alle Irrungen.

Jeden Tag kann unser Leben zu Ende sein. Leben Sie immer so, als wäre es vielleicht morgen schon vorbei. Leben Sie immer so, dass Sie am Ende Ihrer Tage nicht denken: »Ach, hätte ich nur dies und das getan«, dass Sie nicht sagen: »Wenn ich noch einmal von vorne beginnen könnte, dann würde ich alles anders machen«. Leben Sie so, wie es für Sie und andere richtig ist.

Leben Sie jeden einzelnen Tag, jede einzelne Stunde, jede einzelne Minute und jede einzelne Sekunde.

Jeder einzelne Augenblick ist kostbar, denn es könnte Ihr letzter sein.

Wir wissen nicht, wann unsere Lebensuhr abgelaufen ist. Und das ist auch gut so, denn sonst würden wir im Angesicht des Todes vergessen zu leben. Und dennoch vergessen viele Menschen auch so zu leben, obwohl sie mitten in diesem Leben stehen. Sie vergessen die Schönheit des Augenblicks wahrzunehmen, die Kostbarkeit dieses Aufenthalts auf Erden zu erkennen und zu schätzen. Sie vergessen, warum sie hier sind, warum sie auf diese Welt gekommen sind, was ihre Aufgabe ist und was ihre Bestimmung. Sie haben sich selbst vergessen. Sie haben ihre Seele vergessen. Sie haben den Sinn des Lebens verloren.

Wir sind hier, um zu leben. Wir sind hier, um zu wachsen. Wir sind hier, um uns zu entwickeln. Wir sind hier, weil wir etwas lernen wollen. Wir sind hier, um weiterzukommen, weiter auf dem Weg unserer Seele, weiter auf dem Weg unserer grenzenlosen Energie. Werden Sie energetisch groß, weiten Sie sich, breiten Sie sich energetisch aus. Nehmen Sie die Menschen, die Ihnen wichtig sind, mit. Nehmen Sie Menschen, die dies brauchen, mit. Nehmen Sie Menschen mit, die Sie darum bitten und auch die, die es nicht tun.

Nehmen Sie so viele Menschen, wie Sie können, mit auf Ihre energetische Reise zu einer weiseren Seele.

Allgemeines zu Krankheiten

Jede Änderung im körperlichen Bereich will etwas ausdrücken.

Jede Krankheit und jedes Symptom sollte ernst genommen werden.

Der Körper will uns damit etwas mitteilen. Es sollte niemals ignoriert werden. Jedes Symptom und jede Erkrankung steht dabei für etwas Spezielles. So wie es tausend verschiedene Probleme im Leben geben kann, so gibt es auch tausend verschiedene Symptome im Körper.

Die Seele ist tief in unserem Inneren versteckt. Sie ist nicht fassbar, auch wenn es sie gibt. Die Seele selbst kann sich nur durch den Körper in dieser materiellen Welt ausdrücken, denn der Körper ist die Materie zur Seele.

**Jedes seelische Problem, das länger bestehen bleibt,
sucht den Ausdruck im Körper.**

Dies bedeutet, dass sich seelische Probleme, die ignoriert werden, in körperlichen Symptomen zeigen.

Viele Menschen haben körperliche Beschwerden, die medizinisch nicht fassbar sind. Dies liegt an der Feinheit unseres menschlichen Lebens, denn es können bereits Störungen vorhanden sein, die aber wissenschaftlich nicht gemessen werden. Werden sie nicht beachtet und damit Rückschlüsse auf seelische Probleme gezogen, kommt es zu körperlichen Symptomen.

**Werden Symptome auf der körperlichen Ebene ignoriert,
muss sich die Seele durch Krankheiten ausdrücken.**

Daher ist es wichtig, auf körperliche Beschwerden zu achten. Allerdings sollte hier kein künstliches körperliches Kranksein gelebt werden, sondern nach der Ursache der Beschwerden geforscht werden, um diese abzustellen. Im Klartext heißt dies: Jammern nützt nichts, sondern Taten sind gefragt. Es ist ebenfalls nicht sinnvoll, die Ursache für körperliche Beschwerden sofort ausschließlich auf der seelischen Ebene zu suchen. Zuerst sollte eine ärztliche Abklärung erfolgen, denn oft ist ein Hinweis von außen notwendig, weil wir Menschen bekanntlich bei uns selbst oft »betriebsblind« sind.

Jedes Symptom des Körpers will uns etwas sagen. Sind wir gesund, müssen wir nichts ändern. Fühlen wir uns gut, bleibt alles beim Alten. Dies ist beim seelischen Wachstum dasselbe wie bei körperlichen Problemen. Der Körper wehrt sich gegen irgendetwas, oder die Seele drückt ihr Ungemach durch die Körpersprache aus.

**Sehen Sie körperliche Beschwerden nicht als Problem oder Strafe,
sondern als Aufgabe und Chance an.**

Sie können denken, aber Ihr Körper drückt das Wort aus. Sie können in Ihrem Inneren spüren, aber durch Ihren Körper fühlen Sie. Sie können sich Bilder vorstellen, aber Sie sehen durch Ihre Augen im Körper. Sie können Stimmen vernehmen, aber Sie hören mit Ihren Ohren. Sie können Fehler machen, aber merken können Sie dies nur durch Ihren Körper.

Wir sind Seelen, aber in dieser Welt können wir uns nur durch unseren Körper ausdrücken.

Dafür ist er da. Das ist seine Aufgabe. Der Ausdruck unsere Seele ist seine Bestimmung.

Krankheit ist auch ein Ausdruck unserer Seele – der Ausdruck, der uns zeigt, dass etwas nicht stimmt, der Ausdruck, der uns auffordert, etwas zu ändern, der Ausdruck, der uns zum Handeln zwingt, der Ausdruck, der uns zum seelischen Wandel bringt.

Chronisches Müdigkeitssyndrom

Das chronische Müdigkeitssyndrom ist eine typische Energiemangel-Erkrankung.

Oft kann auch der Arzt keine definitive Ursache für die chronische Müdigkeit feststellen. Diese Erkrankung ist weiter verbreitet, als man meinen könnte. Viele Menschen fühlen sich schlapp und haben ein hohes Schlafbedürfnis. Manche denken, es läge an der vielen Arbeit, die sie haben, andere gehen davon aus, dass sie an einem Mangel an Mikronährstoffen leiden. Bei manchen Personen wird ein bestimmter Virus dafür verantwortlich gemacht.

Egal was für den Zustand verantwortlich ist, zusätzlich sind die Energiepegel des Menschen im Keller angelangt. Das ganze Energiesystem ist ins Stocken geraten, und zahlreiche Blockaden hindern die Energie am Fließen. Auch wenn sozusagen »nur« die mangelnde Energie dafür verantwortlich sein sollte, weil medizinisch keine Ursache gefunden wird, sollten Sie diesen Zustand ernst nehmen. Schließlich will der Körper mit diesem Zustand irgendetwas ausdrücken. Daher sollten Sie dieses Alarmsignal nicht ignorieren.

Entweder muss die betroffene Person körperlich zurückschalten, weil der Körper unter ständiger Dauerbelastung steht, oder es muss eine seelische Änderung herbeigeführt werden.

Schalten Sie mindestens einen Gang herunter. Ignorieren Sie die Schlappheit Ihres Körpers nicht, denn in Wirklichkeit geht irgendetwas für Ihre Seele zu schnell. Ihr Körper braucht Ruhe, damit Ihre Seele sich äußern kann. Vielleicht hetzen Sie durch den Alltag und ignorieren Ihre eigentliche seelische Bestimmung. In dieser Phase gilt es, sich zu erinnern und das momentane Leben zu überdenken. Was will meine Seele mir sagen, was muss ich ändern?

Denken Sie daran: Seele und Energie sind eins, sie gehören zusammen.

Sorgen Sie für viel Energie zum Auftanken der leeren Reserven. Dies bedeutet Ruhe, Entspannung, freie Natur und alles, was Ihnen guttut. Sorgen Sie für eine absolute Erholung der ausgebrannten Reserven. Tun Sie in dieser Zeit nichts, was Ihre Seele nicht möchte. Sagen sie Nein zu Dingen und Menschen, die Sie stören und belasten.

Hören Sie auf Ihr Innerstes, und ändern Sie Ihr Äußeres.

Hier meine ich nicht Ihr Aussehen, sondern Ihr Leben im Außen. Erst dann werden Sie wieder über Kraft, Ausdauer und Energie verfügen.

Hören Sie auf Ihre Seele, und Ihr Körper wird Ihnen folgen.

Ändern Sie die Dinge, die Sie ändern müssen. Dann wird die Energie wieder zu Ihrem Körper fließen, und Sie werden darin baden können.

Burn-out-Syndrom

Das Burn-out-Syndrom ist die Steigerung des chronischen Müdigkeitssyndroms. Bei diesem Syndrom steht der Mensch kurz vor dem Kollaps. Es ist sozusagen fünf vor zwölf. Viele Karrieremenschen verfallen in diesen Zustand, aber auch Mütter, die etwa mit der Erziehung ihrer Kinder allein sind, weil sie keinen Partner haben oder einen Partner, der aus beruflichen Gründen selten zu Hause ist.

**Das Burn-out-Syndrom ist charakteristisch
für eine Überforderung.**

Die Betroffenen sind schon lange über ihr Limit hinausgegangen und sind psychisch und körperlich völlig erschöpft. Sehr häufig betroffen sind die sogenannten Perfektionisten, die sich keine Fehler erlauben wollen und oft auch meinen, alles allein schaffen zu müssen. Diese Menschen achten wenig auf körperliche Ruhe, geschweige denn auf ihre innerlichen Signale. Sie meinen, die ganze Welt würde nur auf ihren Schultern lasten, und ackern so lange, bis ihr Körper kurz vor dem Zusammenbruch steht.

Durch die ständige Missachtung der kleinen Signale von Seele und Körper kommt es zu einem immer stärker ausgeprägten Energiedefizit. Irgendwann ist der Energiepegel so stark gesunken, dass die Seele Alarm schlägt, denn nun geht es den betroffenen Personen wirklich schlecht.

Durch den Energiemangel wird die Aura immer durchlässiger für negative Einflüsse von außen.

Dies können negative Energien oder auch Krankheitserreger sein. Bei einem klassischen Burn-out ist der Mensch auf Hilfe angewiesen, vor allem, weil er meist nicht gelernt hat, zurückzustecken und in den alten Gewohnheiten zu sehr festgefahren ist.

Die von dieser Energiemangelerkrankung betroffenen Personen profitieren sehr stark von speziellen Energiebehandlungsmethoden, wie zum Beispiel Reiki.

Doch trotz einer fulminanten Besserung der Symptome sollte außer der geballten Energiezufuhr auch an den Ursachen, das heißt an den Lebensumständen und -einstellungen, gearbeitet werden, sonst wiederholt sich das Burn-out-Syndrom in kürzester Zeit.

Das Burn-out-Syndrom kann auch ein Indikator dafür sein, dass die betroffene Person ihren Lebensweg verlassen hat.

Wenn dies der Fall ist, hilft auf Dauer nur eine radikale Änderung im Leben weiter. Die Sackgasse, die beschritten wurde, muss verlassen werden, um den Energiehaushalt auf Dauer wieder zu regenerieren.

Depressionen

Depressionen sind weiter verbreitet, als man denkt. Man könnte fast sagen, es handle sich um eine moderne Volkskrankheit. Jeder kann davon betroffen sein, Menschen mittleren Alters genauso wie alte Menschen und Jugendliche.

Von Depressionen sind auch Menschen betroffen,
von denen man es niemals erwarten würde,
denn nach außen hin haben sie alles,
was man sich wünschen kann.

Doch von innen her sind sie leer. Dort klafft eine riesige Lücke. Dies ist einer der Gründe für Depressionen.

Depressionen können auch entstehen,
wenn sich Probleme zu lange angestaut haben.

Immer wieder hat die betroffene Person ihre Probleme weggeschoben, anstatt sie zu bearbeiten. Doch dieses weitverbreitete Phänomen tut niemandem gut – im Gegenteil. Dadurch kommt das gesamte energetische System des Menschen zum Erliegen. Die Energie des Depressiven stockt immer mehr, und die Reserven sind deutlich reduziert. Die Energie im Körper läuft nur noch im Low-Level-Bereich. An diesem Punkt kann sich der Mensch nicht mehr allein helfen, er ist auf die Hilfe von außen angewiesen.

Depressionen sind wie ein Geschwür.
Sind sie einmal da, wird man sie kaum noch los.

Der Mensch verfällt in einen Teufelskreis, denn nichts reduziert die Energie mehr als Depressionen. Gleichzeitig können Menschen mit Depressionen kaum noch ihre Energiedepots auffüllen.

Aus diesem Grund müssen Probleme, sobald sie da sind, aus der Welt geschafft werden, denn sonst ist die Seele irgendwann verloren. Auf ein Problem, das nicht bearbeitet wurde, folgt kurz darauf das nächste und noch eins und noch eins ... Am Ende sind es so viele Baustellen, die der Mensch zu bearbeiten hat, dass er nicht mehr weiß, wo er anfangen soll. Gleichzeitig erdrückt ihn der Berg an Problemen, und er sieht keine Lösungsmöglichkeiten mehr.

Die Seele verliert sich bei zu viel negativem Ballast.
Diese Menschen sind verloren zwischen Leben und Tod.

Sie sehen die Schönheit des Lebens nicht mehr, den Sonnenschein und das Glück. Sie sehen nur noch Trauer, Schmerz und Leid. Ihr Leben ist schwarz. Sie stecken fest in der unendlichen Traurigkeit, verloren im Negativen, verloren im tiefen See von Schmerz, Leid und Trauer. Sie können nichts Positives mehr in ihrem Leben finden. Alles ist schlecht und belastet sie ungemein.

Depressionen sind auch für die meist machtlosen Angehörigen sehr schwer. Familie, Freunde und Bekannte eines Depressiven stehen oft ratlos daneben, denn sie verstehen nicht, warum der Mensch sich so durchhängen lässt, warum er nicht endlich den Blickwinkel wechselt und die Welt aus ihrer Perspektive sieht.

**Es ist auch deshalb so schwer für die Familie
und Menschen im nahen Umkreis,
weil Depressive wie ein energetisches Loch sind.**

Sie entziehen anderen auf Dauer jeden Tag eine Unmenge an Energie, ohne dass sich irgendetwas ändert. Ist man länger in der Nähe von Depressiven und hat nicht gelernt, sich vor dem Energieraub zu schützen, dann fühlt man sich schnell selbst leer und schlecht. Dies ist ein deutliches Zeichen für den niedrigen Energiestand im Körper.

Menschen, die auf den ersten Blick alles haben, was man sich wünschen kann, genauer gesagt, was man sich kaufen kann, können auch von dieser Erkrankung betroffen sein. Sie häufen sich zwar viel Materielles an, aber das Eigentliche, was sich die Seele wünscht, kann mit Geld und Reichtum nicht erkauft werden. Dieses innere Loch versuchen die Menschen mit Luxusgütern, Statussymbolen und Prestigeobjekten zu füllen. Doch eigentlich sehnen sie sich nach Liebe, Menschlichkeit, Fürsorge und Geborgenheit. Sie sehnen sich nach tieferen Werten als denen von bedrucktem Papier, Schmuck oder Häusern. Sie wünschen sich ein ganz anderes Leben und merken es nicht einmal. Bitte denken Sie jetzt nicht, dass jeder Mensch mit Geld und Reichtum unglücklich ist. Es sind jedoch einige. Und denken Sie bitte auch nicht, dass diese Menschen ihre Sorgen und Depressionen loswerden, wenn sie all ihr Geld verschenken. Es ist vollkommen in Ordnung, viel Geld zu haben, wenn man sich dies erarbeitet hat. Aber Menschen, die unglücklich sind, sollten ihre Ausrichtung im Leben ändern und auch nach anderen Werten Ausschau halten als nur nach materiellen Dingen.

Geld allein macht niemals glücklich.

Mittlerweile wurde in wissenschaftlichen Studien festgestellt, dass eine andauernde Stressbelastung das Gehirn überlastet und dadurch Depressionen entstehen können.

Stress hat etwas mit Angst zu tun, denn eigentlich wird das Stresssystem im Körper aktiviert, wenn wir Angst um unser Leben haben. Das System war ursprünglich dafür vorgesehen, unser Leben zu retten und nicht um Dauerbelastungen im Beruf oder in der Familie aufrechtzuerhalten. Lebensbedrohliche Situationen sind normalerweise nur von kurzer Dauer. Anschließend braucht der Körper auf jeden Fall Zeit für eine Erholung, um seine Energiereserven wieder aufzufüllen, denn ein Angriff auf die Existenz ist äußerst kräftezehrend. Bei permanentem Stress, wie er in der heutigen westlichen Welt weitverbreitet ist, wird der Körper zwar nicht ganz so stark belastet wie in Akutsituationen, aber er bekommt auch keine ausreichende Erholung, da der Stress niemals abnimmt. Die Folge ist ein enormer Dauerverbrauch an Energie, ohne dass jemals die Reserve wieder richtig aufgefüllt werden kann. Irgendwann wird es dem Körper und der Seele zu viel, und es kommt zum seelischen, energetischen und später auch zum körperlichen Zusammenbruch. Oft sind Depressionen die Folge.

Depressive Menschen sollten sich auf jeden Fall Hilfe von außen holen. Manchmal reicht ein spezielles Coaching, manchmal muss eine Psychotherapie durchgeführt werden, und in anderen Fällen müssen spezielle Medikamente eingenommen werden. Dies kommt ganz darauf an, wie lange die Depression bereits anhält und wie stark sie ausgeprägt ist.

**Doch der allerwichtigste Schritt in der Therapie
ist das rechtzeitige Angehen der Probleme im Leben.**

Oft sind es immer wieder dieselben Situationen, die einem Menschen zu schaffen machen. Davor wegzurennen ist niemals die Lösung, denn das ist nicht möglich. Die Situation verfolgt den Menschen so lange, bis er sich damit befasst und sie löst. Entweder wird man die Ursprungssituation an sich nicht los, weil zum Beispiel die Person, mit der man sich streitet, einem immer wieder über den Weg läuft und man sich immer wieder verteidigen muss, oder das Problem tritt in einer anderen Verpackung ins Leben.

Immunmangel

Das Immunsystem ist sehr eng mit dem Energiesystem des menschlichen Körpers und dem seelischen Zustand verknüpft. Jeder dieser drei Teile hat einen starken Einfluss auf die beiden anderen.

**Jede seelische Änderung beeinflusst das Energiesystem
und dieses wiederum das Immunsystem.**

Ist der Mensch glücklich, zufrieden und ausgeglichen, ist die Seele im Lot. Und dies wiederum bedeutet, dass die Energie durch unseren Körper fließt und die Schwingung für eine gesunde Abwehr von negativen Einflüssen aus der Umgebung sorgt. In diesem Fall ist unsere Aura undurchlässig für negative Einflüsse von außen. Es können keine Krankheitserreger wie Viren oder Bakterien in unseren Körper eindringen oder lediglich in so geringer Menge, dass sie durch unser Immunsystem sofort eliminiert werden können.

**Leidet die Seele unter Frust, Trauer, Angst, Aggression,
Wut, Hass, Neid, Unzufriedenheit oder ähnlichem,
dann sinkt unsere Lebensenergie deutlich ab.**

Dies führt zu einer verstärkten Anfälligkeit für Krankheiten, Unfälle, Verletzungen und negative Angriffe auf die eigene Person.

**Wenn wir uns schlecht fühlen,
folgt oft eine Krankheit der anderen.**

Wenn wir Angst haben, krank zu werden, bekommen wir oft eine Erkältung oder einen anderen Infekt.

**Menschen, die ständig krank sind, sollten sich daher überlegen,
was in ihrem Leben nicht stimmt.**

Irgendein negativer Gefühlszustand sorgt hier immer wieder für eine Ansteckung. Dies ist ein deutlicher Ausdruck der Seele, dass sie unter irgendeiner Situation leidet. Hier ist absolute Ehrlichkeit sich selbst gegenüber gefragt.

Auch Menschen mit einer positiven Ausstrahlung und ausgeglichener Seele können krank werden.

Allerdings kann man sehr schön beobachten, dass sie die Erkrankung erst bekommen, wenn sie sich über irgendetwas maßlos aufregen und dadurch ihr Energiepegel und ihr Immunsystem schwach werden.

Während der Erkältungswelle kann dies sehr schnell gehen. Wochenlang sind sie gegen all die Erreger in ihrer Umgebung gefeit, und innerhalb von ein paar Stunden breitet sich eine Erkältung aus. Im Nachhinein gesehen gab es irgendeine negative Empfindung, wie Frust, Ärger, Wut oder ähnliches, die kurz vor den ersten Symptomen empfunden wurde.

Ich kann daher nur jedem anraten, seine seelischen Probleme anzugehen, zu lösen und nicht einfach weiterzuleben, als wäre alles in Ordnung. Sonst bekommt man irgendwann die Quittung dafür präsentiert. Unser physischer Körper unterliegt dem Kreislauf des Lebens mit Kommen und Gehen, aber unsere Seele bleibt. Unser Körper ist nur ein Gefäß, eine Hülle, ein Kleidungsstück für unsere Seele in diesem Leben.

> **Der Inhalt macht die Qualität aus, nicht das Außen,**
> **doch wenn der Inhalt schlecht wird,**
> **dann leidet auch irgendwann das Gefäß darunter.**

Wie einen kostbaren Wein müssen wir unsere Seele pflegen, denn wenn der Wein schlecht wird, frisst sich die Säure durch das Holzfass. Der gärende Inhalt verströmt seinen scharfen Geruch und dringt in die Umgebungsluft.

Mit unserer Seele verhält es sich nicht anders. Wir müssen sie pflegen und hegen. Wir müssen auf ihre Empfindungen und Gefühle achten. Wir müssen auf ihre Wünsche hören und dürfen sie nicht verleugnen. Wenn wir unsere Seele durch schlechte Taten und negative Gefühle vergiften, dann wird sich das irgendwann auf unseren physischen Körper und unsere energetische Ausstrahlung auswirken.

Achten Sie auf Ihre Seele, hören Sie auf Ihre innere Stimme, und halten Sie dadurch Ihren Körper gesund.

**Leben Sie nach den Vorgaben Ihrer Seele,
und heilen Sie dadurch Ihren Körper.**

Das Immunsystem ist immer nur so gut, wie die Kommandozentrale es vorgibt. Der physische Körper ist ohne Seele nichts, nur eine tote Hülle. Die Seele ist ohne physischen Körper immer noch eine Seele.

Heilen Sie Ihre Seele, und Ihr Körper wird folgen.

Wenn Sie nur die Symptome Ihres Körpers behandeln, dann wird diese oder eine andere Erkrankung irgendwann erneut ausbrechen. Wenn Sie wegen starkem Stress eine Erkrankung bekommen, dann sorgt Ihre Seele für die körperliche und seelische Ruhe, die sie braucht, indem sie Ihren Körper außer Gefecht setzt. Halten Sie die Energie im Fluss, tanken Sie neue Energie, und sorgen Sie für ein gut funktionierendes Energiesystem in Ihrem Körper, denn Ihre Seele sorgt für dieses ausgeklügelte System.

Operationen

Operationen sind im wahrsten Sinne des Wortes ein einschneidendes Erlebnis für Menschen.

**Mit dem Schnitt in Haut und Gewebe
wird der Energiefluss im Körper unterbrochen.**

Dadurch kommt es zu starken Energieblockaden und einem heftigen Eingriff in den Energiehaushalt des Menschen. Je nachdem, wie lange die Operation dauert und wie viel Zeit vergeht, bis die Naht wieder verschlossen wird, kann es zu einem längerfristigen Stau im Energiehaushalt kommen. Auch Größe und Tiefe des Eingriffs spielen dabei eine Rolle. Besonders stark ist der Energiefluss im Körperstamm. Eingriffe in diesem Bereich führen zu hohen Energieverlusten. Aus diesem Grund sind Operationen oft körperlich sehr belastend, denn die Energiebahnen brauchen einige Zeit, bis sie sich regeneriert haben. Durch die künstliche Körperöffnung entweicht, sowohl während des Eingriffs als auch nach der Operation, ständig ein Teil der Lebensenergie. Mit Heilung der Wunde wird dieses Defizit natürlich weniger, aber der Energiefluss ist auch nach Heilung der Operationswunde noch lange Zeit gestört.

Sicherlich tragen die Manipulation am Körper und die Narkosemittel ebenfalls zur Schwächung des Körpers bei, doch die Hauptbelastung entsteht durch den Eingriff in das sensible Energiesystem des menschlichen Körpers.

**Jede Störung im Körper verändert den Energiefluss,
und jede Veränderung des Energieflusses wiederum
führt auf Dauer zu einer Störung im Körper.**

Je älter der Mensch wird, desto weniger Lebensenergie ist im Körper vorhanden. Daher sind Operationen im hohen Alter mit einer Unterbrechung des Energiesystems auch körperlich extrem belastend.

Nach Operationen sollte auf ausreichende Energiezufuhr von außen geachtet werden, um die Energiereserven wieder aufzufüllen. Ist dies gewährleistet, kann sich der Körper schneller und leichter regenerieren.

Krebserkrankungen

Krebs gehört zu den schlimmsten Krankheiten der heutigen Zeit. Der Krebstod ist meist unendlich grausam, und bevor der Mensch endlich gehen kann, muss er viel Schmerz und Leid ertragen. In Deutschland gibt es heute viel mehr krebskranke Menschen als vor zwanzig Jahren. Was ist dies für eine weitverbreitete Erkrankung, die jede Gesellschaftsschicht und Altersgruppe betreffen kann?

Krebs kommt immer von innen, niemals von außen.

Wir können uns nicht mit Krebs anstecken (Gott sei Dank!), der Krebs entsteht immer im Körper selbst. Sicherlich gibt es einige Faktoren, die eine Krebsentstehung fördern, wie beispielsweise das Rauchen und krebserzeugende Substanzen.

Dennoch muss nicht jeder Raucher Krebs bekommen, auch wenn das Nikotin die Entstehung vieler verschiedener Krebsarten deutlich steigert, etwa Lungenkrebs. Es gibt jedoch auch viele Nichtraucher, die diese Art von Krebs bekommen und daran sterben.

Die eigentliche Ursache liegt also woanders. Die Noxen und Gene fördern die Entstehung, aber meiner Meinung nach sind sie nicht ausschließlich für die Entstehung von Krebs verantwortlich.

**Krebs ist eine selbstzerstörende Erkrankung,
und sie entsteht im Körper.**

Das Potenzial ist für jeden Menschen immer und jederzeit vorhanden, denn jeder Mensch hat immer wieder Krebszellen im Körper, die von einem gesunden Immunsystem sofort wieder eliminiert werden. Erst wenn hier die Auslöschung durch das körpereigene Immunsystem versagt, kann sich diese selbstzerstörende Erkrankung ausbreiten und frisst den Leib geradezu von innen her auf.

Viele Krebskranke haben einen großen Frust im Leben erfahren und nicht verarbeitet, viele sind unglücklich, negativ eingestellt und verfügen über wenig bis keine Lebensfreude. Doch eines haben alle Krebspatienten gemeinsam:

**Ihr körpereigenes Immunsystem hat versagt,
und damit ist auch ihr Energiepegel im Keller.**

Viele Krebskranke haben seit Jahren ihren eigentlichen Weg aus den Augen verloren. Sie leben nicht das, was sie laut ihrer Seele leben sollten. Viele opfern sich für andere, verleugnen ihr wahres Selbst und sind über die Jahre meilenweit von ihrem Lebensweg abgekommen.

Krebs ist eine negative Erkrankung, und sie wird begünstigt von allem, was negativ ist wie Unzufriedenheit, Unglücklichsein, Frustrationen, Traurigkeit, Deprimiertsein und weiteren negativen Gefühlen. Wenn man in dem ganzen Negativen über lange Zeit verhaftet ist, dann erkennt man das Leben nicht mehr als etwas einzigartig Schönes, das man lieben, pflegen und hegen sollte. Viel zu viele

Menschen laufen bereits seit Jahren mit schlechten, selbstzerstörerischen Empfindungen durch die Welt. Jede negative Empfindung senkt den Energiespiegel und kratzt am eigenen Immunsystem und an der eigenen Seele.

Die Seele liebt alles, was gut, schön und positiv ist,
denn die Seele sieht die wahre Welt.

Die Seele erkennt das Eigentliche und Wesentliche des Lebens. Es ist der Mensch, der dies oft vor lauter Mauern, Verstecken, Tarnungen und Masken übersieht.

Nicht alle Krebskranken scheinen nach außen hin in dieses negative Gefühlsschema zu passen, doch manchmal sind die wahren Gefühle des Menschen hinter einer aufgesetzten Maske aus scheinbarer Positivität verborgen. Manche Menschen schaffen es, nach außen hin glücklich und zufrieden zu wirken, doch im Inneren verstecken sie negative Gedanken, Gefühle und einen Berg Unglück. Diese Menschen verbergen ihr Innerstes an Schmerz und anderen Empfindungen hinter einer Maske der Undurchdringlichkeit. Manchmal arbeitet es in diesen Menschen seit Jahren. Das Immunsystem hält auch sehr lange stand, aber eben nicht unbedingt auf Dauer. Irgendwann muss auch das Immunsystem kapitulieren, und dann kann sich das Negative in Form von Krebszellen ausbreiten. Lange hält es unser Körper aus, doch irgendwann bricht auch das beste System zusammen – das energetische System, das Immunsystem, die gebeutelte Seele und am Ende der ganze menschliche Körper.

Krebs ist ein böses Geschwür, das den Körper überfällt.

Kein Mensch sollte Krebs bekommen. Denn diese Erkrankung ist mehr als grausam. Sie ist furchtbar und schrecklich. Sie führt leider in vielen Fällen zum Tod.

Am Anfang ist er noch beherrschbar, doch irgendwann frisst er den gesamten Körper auf. Alles, was ihm in den Weg kommt, wird verändert und zerstört. Ein unendlicher Kampf beginnt, bei dem am Ende nur einer siegen wird – entweder der Krebs oder der Mensch.

Jeder, der die Diagnose Krebs gestellt bekommt, sollte tief in sich gehen und sein bisheriges Leben rekapitulieren: Habe ich bisher so gelebt, wie es meinem Wunsch entsprach? Habe ich die Dinge getan, die für mich richtig sind? War mein Leben bisher richtig, oder gäbe es Verbesserungsmöglichkeiten? Habe ich meine Zeit genutzt, oder würde ich vieles anders machen? Habe ich wahrhaftig gelebt, oder ist das Leben einfach an mir vorbeigezogen?

Krebs kann ein Hinweis der Seele sein: »Achtung, irgendetwas läuft im Leben schief. Irgendetwas läuft außerhalb der geregelten Bahnen.«

Krebs ist oft ein Aufruf der Seele, dass es höchste Eisenbahn ist, die Probleme im Leben anzugehen und aus der Welt zu schaffen, dass es nun endlich Zeit ist, den ganzen seelischen Müll aus den Schubladen zu holen und zu verarbeiten.

Natürlich gibt es auch einige Fälle, in denen man keine negative Lebenseinstellung bei den Erkrankten finden kann. Doch vielleicht opfert diese Seele sich für die Erfahrungen anderer, denn auch die unmittelbare Umgebung ist immer mit betroffen.

**Manche Seelen opfern ihren Körper
für die seelische Entwicklung anderer,
indem sie diese furchtbare Erkrankung bekommen.**

Jede Krebserkrankung sorgt für seelische Arbeit, für die seelische
Entwicklung aller beteiligten Personen. Krebs geht an niemandem
spurlos vorbei, weder am Erkrankten selbst noch an dessen Angehörigen oder Freunden. So wie sich das Krebsgeschwür verbreitet
und in den betroffenen Körper frisst, so frisst es sich auch in unser
Bewusstsein, in unsere Herzen und Seelen.

**Kein Mensch, der Gutes will,
wünscht diese Erkrankung seinem ärgsten Feind.**

Krebs betrifft jeden, der damit in Kontakt kommt. Krebs geht uns
alle an, denn jeder hat Krebsfälle in der Familie. Krebs ist überall,
er ist weitverbreitet. Er ist wie eine Seuche. Krebs ist das Geschwür
der Menschheit. Er ist die Personifizierung des Bösen. Krebs ist wie
der Teufel. Oft genug schafft er es, uns alles zu nehmen, was uns
lieb und heilig ist.

Krebs ist der größte Feind des Menschen und die größte Prüfung
unserer Seelen.

**Das einzige Organ, das niemals an Krebs erkrankt,
ist das Herz – das menschliche Symbol der Liebe,
welche wiederum das einzige Gefühl unserer Seele ist.**

Vielleicht sollten wir Menschen noch mehr Augenmerk auf die
Liebe legen, um diese Erkrankung zu bekämpfen. Vielleicht muss

der Mensch viel mehr Liebe an andere verteilen, aber auch an sich selbst, um vor dieser Erkrankung geschützt zu sein.

Lieben Sie das Leben, lieben Sie alles, was ist, lieben Sie sich selbst und alle Menschen, die Ihnen begegnen. Wahre Liebe ist die größte Kraft auf Erden. Sie ist das einzige Heilmittel, das es schaffen kann, Schlechtes in Gutes zu verwandeln. Sie ist die einzige Kraft, die es schaffen kann, den durch Krebs verursachten Schmerz, das Leid und die Trauer zu verwandeln.

Lieben und leben Sie, denn dies ist Ihre Bestimmung!
Erfüllen Sie jeden Augenblick durch etwas Wunderbares!

Das Leben ist unendlich kostbar, genießen Sie daher jede Minute, die Sie gesund auf der Erde verweilen. Leben Sie erst recht, wenn Sie oder ein Mensch, der Ihnen wichtig ist, die Diagnose Krebs bekommen hat. Akzeptieren Sie, und kämpfen Sie, solange es geht. Doch vergessen Sie dabei niemals zu leben.

Ich bin überzeugt davon, dass jeder Krebskranke die Möglichkeit hat, egal in welchem Stadium er sich befindet, den Körper selbst zu heilen. Zahlreiche Wunderheilungen zeugen von dieser Möglichkeit. Doch dies ist nur von innen her möglich, denn auch der Krebs kam von innen. Eine Heilung ist nur möglich, wenn die Seele einbezogen wird. Je weiter der Krebs fortgeschritten ist, desto schwieriger ist allerdings eine Heilung. Je weiter der Krebs sich im Körper ausgebreitet hat, desto mehr Arbeit, Kraft und Energie kostet es das körpereigene Immunsystem, dem Körper zum Sieg zu verhelfen. Viele Schritte sind dann notwendig, um Zelle für Zelle den Körper wieder zu normalisieren. Das wichtigste bei der Diagnose Krebs ist eine ehrliche Reflexion des bisherigen Lebens, denn wenn man den Kampf nicht gewinnt, dann sollte man versuchen, das Beste aus der verbleibenden Zeit auf Erden zu machen. Nichts im Leben passiert ohne Grund, und daher sollte man versuchen, die Gründe für die Krankheit herauszufinden. In manchen Fällen mag dies nicht gelingen oder erst zu einem viel späteren Zeitpunkt. Aber in den meisten Fällen lassen sich Gründe finden, aus denen die eigene Seele beschlossen hat, diese schlimme Erkrankung zu bekommen, Gründe, aus denen der eigene Körper das Selbstzerstörungsprogramm zugelassen hat, Gründe, aus denen das bisherige Leben in diese Sackgasse geführt hat.

Krebs ist immer eine Sackgasse.

Und nur wenn es dem Menschen gelingt, aus dieser Sackgasse herauszukommen, hat er es geschafft, den Krebs zu besiegen. Ansonsten wartet am Ende der Sackgasse der Tod.

Um aus der Sackgasse wieder herauszugelangen, muss sich der Mensch der Gründe für seine Erkrankung wahrhaft bewusst sein. Bei besonders schweren Fällen kann auch nur eine Lebensveränderung um 180° wirksam sein, um die Sackgasse wieder verlassen zu können. Dies ist sehr schwer, denn die Probleme oder die Gründe, die zum Krebs geführt haben, bestehen oft bereits seit vielen Jahren, und der fortgeschrittene Krebs ist meist ein Wettlauf gegen die verbleibende Zeit.

Eine Heilung gegen Krebs bedarf der Einbeziehung der Seele.

Eine radikale Änderung des bisherigen Lebensstils fällt vielen Menschen schwer. Sich selbst zu reflektieren, ist ebenfalls sehr schwer, und daher erkennen auch die meisten Krebskranken nicht, warum die Seele diese körperliche Notbremse gezogen hat. Viele Menschen verlassen sich viel zu sehr auf medizinische Hilfe.

Medizinische Hilfe mag in vielen Fällen sinnvoll sein, aber sie kann nur symptomatisch helfen und niemals die Ursache der Krebserkrankung beseitigen, denn diese liegt oft im Kranken selbst.

Auch eine Operation mag einen bösartigen Knoten beseitigen, aber nicht die Ursache dafür, dass dieser Krebsknoten entstanden ist. Daher besteht immer die Gefahr, dass ein neuer Knoten an einer anderen Stelle im Körper wieder auftritt, solange die Lebensweise nicht überdacht und gegebenenfalls geändert wird.

Wenn der Mensch seine seelische Entsprechung nicht gelebt hat und dadurch krank geworden ist, dann hat er ein stark reduziertes Energieniveau. Zusätzlich blockiert die Ausbreitung des Krebses im Körper die restliche Energieverteilung. Dadurch sinkt der Energiepegel mit Fortschreiten der Erkrankung immer weiter ab. Durch die fehlende Energie zerfällt der Körper immer mehr. Die Gesichtsfarbe wird stumpf und grau. Der Körper altert schneller, und der Mensch verliert am Ende jede Ausstrahlung, denn die Energie ist dann kaum noch im Körper vorhanden. Die Aura zieht sich zurück, und mit dem Tod entschwindet das letzte bisschen Energie aus dem körperlichen Wrack.

**Krebs ist die Erkrankung mit dem größten Energiedefizit,
die es gibt.**

Jeder Laie kann dies beobachten, denn der Körper wird mit zunehmender Erkrankung immer schwächer.

**Krebs verdrängt jede Lebenskraft
und zwingt die Seele weiterzugehen.
Tut sie es nicht mit dem Körper, muss sie ohne ihn weitergehen.**

Daher ist es so wichtig, auf seinen Energiehaushalt zu achten und andauernde Energiedefizite zu vermeiden. Leben Sie nicht irgendein Leben, sondern leben Sie das eine Leben. Leben Sie das Leben, das Ihre Seele befreit. Leben Sie so, wie es Ihr Lebensplan vorschreibt. Verbiegen Sie sich nicht, und spielen Sie auch nicht eine falsche Rolle. Seien Sie Sie selbst. Dieses Leben ist einfach zu kostbar, um es zu verschwenden. Dieses eine Leben wird in dieser Form nie wiederkommen. Vielleicht müssen Sie die Erfahrung in einer ähnlichen Form erneut erleben, aber niemals wird es wieder das gleiche Leben sein.

**So wie jeder Augenblick einzigartig ist,
so ist es auch Ihr derzeitiges Leben.**

Sie haben im Moment nur dieses eine, warum nutzen Sie es nicht? Warum wertschätzen Sie es nicht? Egal wie Ihre Umstände sind, nichts ist so schlimm wie eine selbstzerstörende, schwerwiegende Erkrankung.

Die Menschen haben Angst vor dem Tod, doch viele arbeiten in ihrem Leben genau auf diesen Punkt hin. Sie leben ihr Leben nicht, sie genießen ihr Dasein nicht. Sie wollen dieses und jenes und vergessen dabei, was sie haben. Die Menschen sind unzufrieden und unglücklich. Sie sehen das Glück dieses besonderen Lebens nicht, diese Chance für alles auf der Welt, die ihnen mit diesem Leben zuteil wurde. Sie baden in ihren Problemen, in ihren Sorgen und Ängsten. Wovor haben sie Angst? Haben sie Angst vor dem Tod?

**Alle Menschen müssen eines Tages sterben.
Doch es liegt an ihnen selbst, wie die Umstände sind
und wann sie beschließen, diese Welt zu verlassen.**

Glauben Sie an ein Leben nach dem Tod, oder glauben Sie, dass mit dem Tod alles vorbei ist? Egal was Sie glauben, Sie haben nichts zu verlieren, wenn Sie Ihre Seele glücklich machen. Wenn Sie an ein Leben nach dem Tod glauben, dann sollten Sie dieses Leben nicht verschwenden, denn es ist unendlich kostbar. Wenn Sie daran glauben, dass nach dem Tod nichts mehr kommt, dann sollten Sie dieses Leben erst recht nicht vergeuden, denn ein weiteres gibt es Ihrer Ansicht ja nicht.

Leben Sie Ihr Leben immer, als wäre es das einzige.

Denn egal woran Sie glauben, dieses eine Leben ist einzigartig. Es ist ein Wunder und ein Geschenk. Es ist ein ganz persönliches Geschenk für Sie. Werfen Sie es nicht weg, sonst werden Sie es irgendwann bereuen.

Niemand sollte Krebs bekommen. Niemand sollte diese Qual, dieses unendliche Leid und die vielen Schmerzen als seelischen Weg gehen.

Krebs ist eine Erkrankung, für die der Tod oft eine Erlösung ist.

Krebs verlangt alles von einem ab. Er sorgt dafür, dass der Kranke am Ende alles, was Leben umfasst, einstellt. Er sorgt dafür, dass unser Mittel zum Leben auf Erden, unser Körper, immer mehr Funktionen einstellt. Am Ende läuft der Körper nur noch auf Sparflamme, bis eines Tages auch die kleine Flamme für immer verlöscht.

Das Leben an sich ist einfach, der grausame Weg zum Krebstod ist schwer. Doch die meisten Menschen halten das Leben für schwer und das Sterben für einfach. In Wirklichkeit handelt es sich nur um zwei Enden eines Ganzen. Leben und Sterben sind eins.

Wenn wir nicht richtig leben können,
tun wir uns mit dem einfachen Sterben schwer.

Wenn wir Angst vor dem Sterben haben, haben wir auch Angst vor dem Leben, denn unser Ende ist immer der Tod. Wir können niemals leben, ohne zu sterben, und wir können auch niemals einen angenehmen Tod haben, wenn wir kein angenehmes Leben hatten.

Krebs kann ein Zeichen dafür sein, dass wir nicht richtig leben. Er kann ein Hinweis sein auf unsere Defizite. Wie alle anderen Erkrankung auch kehrt Krebs die Probleme der Seele nach außen ins Körperliche. Der Körper ist nur das Ausdrucksorgan unseres Inneren.

Eine Krebserkrankung kann eine Warnung sein – eine Warnung, einiges im Leben zu überdenken und zu ändern.

Wenn eine Heilung gelingt, dann vergessen Sie niemals, welches Glück Ihnen wiederfuhr. Seien Sie dankbar und glücklich für den Sieg. Seien Sie positiv und voller Liebe für Ihr Leben, denn es ist ein Geschenk.

Eine Heilung von Krebs ist ein Geschenk des Himmels, das jeden mit Liebe, Glück und Dankbarkeit erfüllen sollte.

Wenn Sie es nicht schaffen, rechtzeitig die Kurve zu bekommen, dann leben Sie die verbleibende Zeit mit einer Intensität, die Ihr Leben bisher niemals hatte! Die Dauer der Zeit, die Ihnen bleibt, ist nicht wichtig.

Zeit ist immer relativ. Wichtig sind die Qualität und der Inhalt des Lebens.

Genießen Sie daher jeden kostbaren Augenblick. Vielleicht haben Sie in den letzten zwanzig Jahren einiges falsch gemacht, aber in der verbleibenden Zeit können Sie alles richtig machen. Was war, ist aus und vorbei, die verbleibende Zeit ist ein Schatz, den Sie voll und ganz auskosten sollten. Sie haben die Chance, aus der restlichen Zeit ein wundervolles Leben zu machen. Dabei kommt es nicht darauf an, ob es sich um ein paar Jahre, Monate, Wochen oder Tage handelt. Das Leben ist kostbar, nicht die Zeit.

Holen Sie nach, was Sie versäumt haben. Sprechen Sie aus, was Sie gedacht haben. Hören Sie auf Ihre Gefühle und Empfindungen. Beachten Sie Ihre Seele. Tanken Sie so viel Energie, wie Sie können, denn Sie brauchen viel Kraft. Baden Sie in Energie. Haben Sie keine Angst vor dem Ende, denn es wird Ihre Seele aus einem kaputten Körper befreien. Es wird Ihnen Kraft, Ruhe, Frieden, Schmerzfreiheit und Liebe spenden. Der Tod ist nichts, wovor man sich fürchten sollte.

Der Tod ist einfach nur das Ende des Lebens.

TEIL IV

VERBESSERUNG DES ENERGIESYSTEMS

Wie fülle ich
meine Energiereserven auf?

*Füllen Sie Ihre Energiereserven immer rechtzeitig auf,
bevor es zu spät ist.*

Schlaf

Sorgen Sie für ausreichend Schlaf. Nichts füllt unsere Energiereserven besser auf als gesunder, wohltuender Schlaf. Während des anstrengenden Berufslebens kommt es bei den meisten Menschen zu einem hohen Schlafdefizit, welches Ausdauer und Kraft reduziert.

**Gehen Sie daher mindestens einmal in der Woche bereits dann
schlafen, wenn Ihr Körper dieses Bedürfnis äußert,
selbst wenn es sich um eine Uhrzeit handelt,
zu der Sie normalerweise nie ins Bett gehen würden.**

Geben Sie dem Verlangen nach Schlaf nach, und legen Sie sich hin. Ruhen Sie, solange Ihr Körper es braucht. Sorgen Sie dafür, dass Sie in der Früh nicht geweckt werden. Schlafen Sie, bis Ihr Körper von allein wieder wach wird. Oft kommen dabei elf Stunden Schlaf oder mehr zusammen. Nachdem Sie erwacht sind, bleiben Sie noch etwa eine halbe Stunde gemütlich im Bett liegen. Sie können dabei ein Buch lesen oder leichte Musik hören oder einfach Ihren Träumen nachhängen. Danach stehen Sie ohne Eile auf und machen sich in Ruhe fertig.

Selbst wenn Sie dies nur einmal in der Woche oder noch seltener schaffen, werden Sie sehen, wie gut es Ihrem Körper tut, wie erfrisch und aufgefüllt er sich anfühlt. Dies liegt an der neuen Energie, über die Sie nun verfügen können.

Aufmerksamkeit

Aufmerksamkeit ist enorm wichtig für die Energieaufnahme in den Körper. Allen Dingen, denen wir unsere Aufmerksamkeit schenken, widmen wir uns vollkommen. Wenn wir völlig aufmerksam sind, lassen wir uns nicht leicht ablenken. Wenn wir aufmerksam sind, sind wir voll und ganz bei der Sache. Wir konzentrieren uns. Wir machen nur das eine, wir hören nur das eine, wir fühlen nur das eine, wir spüren nur das eine, wir sehen nur das eine. Wenn wir aufmerksam sind, gibt es nur das Ziel unserer Aufmerksamkeit und uns. Alles andere ist nebensächlich und wird ausgeblendet. Alles andere existiert in diesem Moment der Aufmerksamkeit für uns nicht.

**Durch die gebündelte Konzentration verlieren wir
keine wertvolle Energie, die in die Umgebung verschwindet.**

Daher brauchen wir bei voller Aufmerksamkeit viel weniger Energie für einen Vorgang, als wenn wir uns von anderen Dingen davon ablenken lassen.

Richten Sie immer Ihre ganze Aufmerksamkeit auf die eine Sache, die im Moment wichtig ist. Lassen Sie sich nicht ablenken. Wenn Sie etwa bügeln, dann bügeln Sie. Wenn Sie Sport treiben, dann treiben Sie Sport.

**Wenn Sie arbeiten, dann arbeiten Sie.
Konzentrieren Sie sich darauf und erst später auf andere Dinge,
aber lassen Sie Ihre Lebensenergie nicht davonschwinden.**

Wenn Sie spazieren gehen, dann seien Sie dabei aufmerksam. Denken Sie nicht an die Dinge, die Sie später machen wollen oder müssen. In diesem Moment sind Sie beim Spazierengehen, und alles andere sollte sich Ihrer Aufmerksamkeit entziehen.

Wenn Sie nach dieser Art leben, dann verfügen Sie plötzlich über eine Unmenge an Energie, und alles fällt Ihnen auf einmal leichter. Die Dinge, die Sie erledigen müssen, gehen schneller und einfacher.

Mit Aufmerksamkeit schaffen Sie auf einmal viel mehr als zuvor in der gleichen Zeit. Der einzige – jedoch entscheidende – Unterschied liegt in Ihrer Aufmerksamkeit.

Durch Aufmerksamkeit bündeln Sie Ihre Energie.

Es kommt nicht mehr zu unnützen Energieverlusten. Gleichzeitig kann die Schwingung des eigenen Energiefeldes zusätzlich beeinflusst werden. Ohne dass Sie irgendetwas an Ihrem Alltag verändern, verfügen Sie allein durch gezielte Aufmerksamkeit über mehr Energie. So einfach kann das Leben sein – es liegt nur an Ihnen selbst.

Musik

Hören Sie Musik, die Sie mitreißt. So können beispielsweise zwei öde Stunden Bügelarbeit eine energetische Tankstelle werden. Dabei ist es vollkommen gleich, welche Art von Musik Sie hören.

Wichtig ist nur, dass die Musik Sie mitreißt,
Sie anspricht und Gefühle tief in Ihrem Inneren weckt.

Die Musik sollte Sie begeistern, sie sollte Sie inspirieren. Lassen Sie sich von den Klängen innerlich berühren, und blenden Sie dadurch den Alltag aus. Wippen Sie zur Musik, oder tanzen Sie. Lassen Sie sich zu den Dingen hinreißen, die Ihnen die Musik zuflüstert. Wiederstehen Sie dem Drang nicht, geben Sie ihm nach.
Wenn es die Nachbarn und Mitbewohner erlauben, dann drehen Sie die Musik laut auf und blenden dadurch alles andere aus Ihrem Leben aus. Lassen Sie sich von Ihren Lieblingsklängen tragen, und vergessen Sie so eine Zeit lang einfach alles um sich herum. Nehmen Sie die Musik mit all Ihren Sinnen auf. Fühlen Sie sie, spüren Sie den Rhythmus. Hören Sie jedes kleine Instrument heraus. Singen Sie mit. Machen Sie sich einmal so richtig Luft.

Musik, die Sie berührt, ist wie eine erfrischende Dusche,
die allen Ballast von Ihnen abstreift.

Sie werden sich belebt, inspiriert und aufgetankt fühlen. Sie haben hinterher neue Kraft und Energie gesammelt, um sich wieder dem Alltag mit seinen Problemen zu stellen. Aber in der Zeit des Musiktankens gibt es nur Sie, die Musik und sonst nichts.

Aufenthalt in der Natur

Gehen Sie sooft wie möglich hinaus in die freie Natur. Genießen Sie die Sonne, den Wind, den Regen und alles, was die Natur Ihnen zu bieten hat. Sehen Sie sich um, nichts ist wundervoller als ein Spaziergang im Grünen in unberührter Natur. Er gibt Ihnen neue Kraft und Stärke.

**Die Natur ist wie ein Lebenselixier,
welches für immer neue Frische sorgt.**

Daher trifft uns andauerndes, schlechtes Wetter auch so hart.

Saugen Sie jeden Sonnenstrahl auf, allerdings ohne dabei Ihre Haut überzustrapazieren. Baden Sie in den goldenen Strahlen, die die Sonne Ihnen sendet. Kuscheln Sie sich in das grüne Gras. Erfrischen Sie sich am kühlen Bach. Graben Sie Ihre Füße in den Sand. Laufen, hüpfen oder wandern Sie durch die einzigartige Natur, die Sie umgibt. Kein Fleckchen Erde gleicht dem anderen.

**Jeder Platz hat seinen eigenen Charme,
und jeder Platz bietet eine andere Art von Kraft.**

Suchen Sie sich einen Lieblingsort, der Ihnen besonders gut gefällt und der Ihnen Kraft spendet. Gehen Sie sooft wie möglich zu diesem speziellen Ort. Dies ist Ihr Energieplatz. Jeder Mensch hat hier sein eigenes Bedürfnis nach Schönheit. Es ist nicht wichtig, ob andere diesen Platz schön finden. Denn er ist Ihr persönlicher Platz, um sie mit Kraft und Energie zu versorgen. Es ist ein Platz, der Sie inspiriert und niemanden sonst. Sorgen Sie dafür, dass Sie ein paar

Minuten lang ungestört sind, und nehmen Sie dann Ihre Umgebung mit allen Sinnen auf. Hören Sie auf Geräusche, die dort ungewohnt sind, wie beispielsweise das Läuten von Glöckchen mitten im Wald. Suchen Sie nicht nach einer Erklärung, sondern genießen Sie das besondere Geschenk der Natur.

Spüren Sie, wie die saubere Luft durch Ihre Lungen strömt? Fühlen Sie das Spiel des Windes in Ihren Haaren? Fühlen Sie die Wärme, die über Ihre Haut streichelt? Riechen Sie die Natur? Hören Sie das Rascheln des Windes? Das Flüstern der Natur in Ihren Ohren? Die Natur will Ihnen etwas sagen, sie will Ihnen ihre Geheimnisse verraten, Geheimnisse, die Sie einen Schritt näher an die Lösung bringen. Die Natur ist Ihr Freund, sie ist Ihre Welt, sie ist Ihre Heimat. Die Natur ist Ihr Ursprung und Ihr Ziel. Die Natur gibt Ihnen alles, was Sie brauchen. Sie ist ein nie endender Schatz, in dem Sie alles finden können, was Ihr Herz begehrt. Die Natur ist Ihr Weggefährte, die Natur ist Ihr Herausforderer.

**Die Natur ist eine nie versiegende Quelle
an Inspiration und Energie.**

Verbinden Sie sich mit der Natur. Pflegen und hegen Sie die Natur, lieben Sie die Natur, denn sie ist unendlich kostbar. Sie ist alles, was Sie benötigen. Werfen Sie sie nicht weg. Ohne die Natur können Sie nicht leben, und dies sollten Sie auch nicht anstreben.

**Die Natur ist die einzig natürliche Umgebung des Menschen.
Alles andere ist nur ein unzureichender Ersatz.**

Stellen Sie sich vor, es gäbe keine Sonne, keine braune Erde und keine grünen Pflanzen. Wir Menschen würden verkümmern. Wir würden einfach eingehen und verschwinden. Die Natur ist unendlich wertvoll, denn ihre Energie versiegt niemals, es sei denn, es gibt sie nicht mehr. Wenn die Natur verschwindet, dann verschwindet auch eine ganze Menge an kostbarer Energie.

**Geben Sie der Natur zurück, was sie Ihnen gibt:
Geben Sie der Natur Energie, und zerstören Sie sie nicht.**

Positivität

**Eine positive Lebenseinstellung ist eine Garantie
für viel Energie.**

Allerdings muss die positive Einstellung echt sein und nicht nur gespielt oder aufgesetzt sein. Umgekehrt ist Negativität der größte Energiekiller, den es gibt.

Eine positive Lebenseinstellung ist seltener als gedacht.

Wenige Menschen sind mit ihrem Dasein zufrieden. Wenige Menschen freuen sich über die »kleinen« Dinge im Leben wie schönes Wetter, gute Musik, eine nette Unterhaltung, eine Arbeit zu haben und Menschen um sich herum, die sie lieben und für sie da sind.

Die meisten Menschen klagen lieber den ganzen Tag über die Dinge, die für sie nicht optimal laufen. Sie schimpfen über die viele Arbeit, die sie haben, anstatt froh darüber zu sein, dass sie überhaupt eine Arbeit haben. Sie klagen über die hohen Rechnungen, anstatt sich über ihre gemütliche, warme Wohnung zu freuen. Sie beschweren sich über das Wetter und sehen nicht die grüne Wiese und die blühenden Bäume, die überall um sie herum gedeihen. Sie jammern über ihre Wehwehchen und freuen sich nicht des Lebens. Den ganzen Tag sehen sie nur das Schlechte und das Böse, das passiert.

Die meisten Menschen erkennen nicht, dass das Negative nur einen ganz geringen Prozentsatz in ihrem Leben ausmacht und das Schöne, Gute und Positive viel wichtiger ist.

Viele Menschen sehen den Wald vor lauter Bäumen nicht. Durch ihre negative Einstellung strahlen sie jedoch viel negative Energie aus, welche sie vielfach zurückbekommen.

**Es kommt immer nur darauf an,
wie unsere Einstellung zu den Dingen ist.**

Wenn ich »nur« eine Wohnung habe, kann ich klagen, dass es niemals für ein Haus reicht. Aber ich könnte mich stattdessen auch an meiner Wohnung erfreuen, darüber, dass sie da ist, dass sie schön ist und dass sie zu mir gehört.

Egal was ich im Leben an Geld, Eigentum und Reichtum habe oder auch nicht habe: Glück finde ich niemals darin.

Glück finde ich immer nur in mir selbst.

Oft sind die ärmsten und am meisten benachteiligten Menschen auf dieser Erde gleichzeitig die glücklichsten.

Der Grund dafür ist folgender: Menschen, die nicht so sehr auf der Sonnenseite des Lebens stehen, nehmen nicht alles als selbstverständlich hin. Sie freuen sich über die kleinen Dinge des Lebens. Sie schätzen viel mehr das, was sie haben, obwohl sie viel weniger haben als andere Menschen. Diese Menschen freuen sich bereits über etwas zu essen und einen warmen Platz zum Schlafen.

Menschen, die wenig haben, lieben das, was sie haben.

Viele Menschen nehmen alles als selbstverständlich hin. Daher schätzen sie die Dinge aber auch nicht. Sie übersehen dabei die wesentlichen Dinge des Lebens wie etwa Gesundheit, Nahrung, Wärme, Schutz und Liebe.

Daher sollte jeder Mensch erkennen, wie reich er wirklich ist, denn auch wahrer Reichtum kommt von innen. Alles andere ist vergänglich und macht nicht glücklich.

Ändern Sie Ihre Sicht auf die Dinge. Zählen Sie jeden Abend, wenn Sie im Bett liegen, alle Dinge auf, die am vergangenen Tag gut, schön und positiv waren. Übergehen Sie alles, was besser hätte sein sollen. Suchen Sie nur nach dem Guten, und vergessen Sie dabei nichts. Zählen Sie ebenso das Wetter auf wie die freundliche Begrüßung Ihres Nachbarn. Wenn Sie sich jeden Abend diese Mühe machen, werden Sie feststellen, wie viele gute Dinge jeden Tag geschehen, und wie schön Ihr Leben eigentlich ist. Danken Sie für diese guten Momente des Tages, denn sie sorgen für Augenblicke der Zufriedenheit und des Glücks. Diese kostbaren Begebenheiten zu erkennen macht den Unterschied zwischen negativ und positiv aus.

**Nicht das Außen kann Ihre Einstellung wandeln,
denn die Schönheit, das Gute und das Positive
sind schon immer dagewesen und werden auch immer da sein.
Nur das Erkennen macht den Unterschied aus.**

Wenn Sie gerade eine Lebensphase durchmachen, in der eine schlechte Sache nach der anderen passiert und Sie aus dem Leid und Frust kaum noch herausfinden, dann überdenken Sie Ihren momentanen Weg. Wahrscheinlich sollen Sie massiv auf Ihren richtigen Lebensweg aufmerksam gemacht werden.

Und dennoch gibt es auch in dieser negativen Lebensspanne, die Sie gerade durchlaufen, viele gute Dinge, die geschehen – Sie sehen sie nur wahrscheinlich nicht.

Zwingen Sie sich, das Negative auszublenden, nachdem Sie Ihren Lebensweg überdacht haben. Achten Sie nur noch auf die guten Augenblicke. Dies kann in dieser Situation auch einfach ein neutrales Gefühl sein.

**Wenn Sie seelisch einmal völlig am Ende waren,
ist bereits ein neutraler Zeitraum,
in dem Sie keinen Schmerz und kein Leid spüren,
etwas Positives.**

Freuen Sie sich über alles Positive, und erwarten Sie nicht zu viel, vor allem keine seelischen Höhenflüge. Hangeln Sie sich lieber langsam wieder in höhere Gefilde, sonst kann es passieren, dass Sie ganz schnell wieder abstürzen. Vergessen Sie dabei niemals:

**Nach jedem Tief kommt wieder ein Hoch
und nach jedem Tal ein Berg.**

Ohne das Unten kann das Oben nicht existieren und ohne Leid kein Glück. Manchmal verhält es sich wie mit einer Krankheit: Man fühlt sich nicht gut und muss durch die Krankheit durch. Die Medikamente helfen etwas, aber sie machen einen nicht sofort wieder gesund. Der Mensch muss warten, bis die Krankheit vorbeigeht. Er muss die Erkrankung in diesen Stunden oder Tagen einfach akzeptieren und sie geschehen lassen. Denn je mehr man sich dagegen sträubt, desto schlechter geht es einem. Die Krankheit schwappt wie eine unaufhaltsame Welle über den Körper. Der Mensch weiß, dass dieser Zustand irgendwann vorübergegangen sein wird, doch bis es soweit ist, hilft nichts außer dem Akzeptieren, Annehmen und sich auf die Krankheit einzulassen. In so einem Fall ist Schlaf und Ruhe das Beste. Genau so ist es auch in schwierigen Zeiten.

Manchmal muss man das Leben einfach annehmen und geschehen lassen.

Irgendwann ist auch dieser Zustand wieder vorbei, und dann geht es wieder aufwärts. Alles sträuben und hadern nützt nichts – im Gegenteil: Es macht die Situation noch schlimmer.

**In dem Moment, wo wir nicht gegen eine Situation ankämpfen,
sondern sie hinnehmen, nehmen wir der Situation
einen großen Teil des negativen Gefühls weg.**

Dadurch wandelt sich unser Gefühl in etwas Neutrales, aus dem später etwas Positives entstehen kann. Positivität bedeutet Energiefluss. Negativität hingegen bringt die Energie zum Stocken und später zum Erliegen. Durch eine positive Lebenseinstellung fließt uns alles zu, was wir möchten. Die Energie zirkuliert durch unsere Körper, und alles Schöne findet den Weg zu uns.

Wenn wir vor Positivität sprühen, sprühen wir auch vor Energie.

Liebe

Liebe ist die gesündeste Empfindung auf unserer Erde. Liebe ist eine unbesiegbare Kraft, die aus einer unbezwingbaren Energie besteht. Liebe ist in der Lage, alles zu wandeln. Wahre Liebe ist immer gut, ist immer authentisch und ist immer heilsam. Wahre Liebe ist das Gefühl, das alles andere verblassen lässt.

Wahre Liebe ist reine, kostbare Energie.

Wenn wahre Liebe das einzige vorherrschende Gefühl auf unserer Erde wäre, dann gäbe es kein Leid, keinen Schmerz, keine Wut, keinen Hass, keinen Ärger, keinen Neid. Liebe ist das größte Glück auf Erden.

Wenn Sie lieben und geliebt werden, kann Sie nichts angreifen. Liebe ist wie Heilwasser: Es umspült Ihre Seele und schützt Sie vor allem Bösen. Allerdings vermag dies nur die wahre Liebe.

Die weitverbreitete Liebe, die an Bedingungen geknüpft ist, ist eine Fälschung.

Sie hüllt uns ein und vermittelt uns Sicherheit, wo in Wirklichkeit keine ist. Viele Menschen meinen zu lieben, doch in Wahrheit verhöhnen sie das, was Liebe darstellt. Eltern, die von ihren Kindern gewisse Leistungen erwarten, damit sie ihnen Liebe geben, Eltern, die ihre Kinder zum Erfolg zwingen, obwohl diese lieber Freiheit hätten, Eltern, die meinen, zu wissen, was ihre Kinder wollen und was gut für sie ist, und in Wirklichkeit nur ihr eigenes Ego durchsetzen – das hat nicht das Geringste mit Liebe zu tun. Das ist pure Egozentrik.

Liebe ist immer bedingungslos, sonst ist es keine Liebe.

Liebe gibt immer, sie nimmt niemals.

Liebe ist alles, was der Mensch braucht und sich im Leben erhofft und leider viel zu selten bekommt.

Erwarten Sie nichts, geben Sie nur. Wenn alle Menschen dies täten, wäre unsere Welt perfekt. Doch die Menschen erwarten für sich immer alles Mögliche. Sie wollen und erwarten dies und das, von ihrem Partner, von ihren Eltern, von ihren Kindern, von ihren Kollegen, von ihren Freunden und Mitmenschen. Selbst von ihrem Leben erwarten sie dies und das. Bekommen werden sie jedoch nichts. Wenn sie keine bedingungslose, wahre Liebe geben, können sie nicht erwarten, dass sie wahre, bedingungslose Liebe erhalten, denn diese findet den Weg nicht durch die vielen Bedingungen.

Alle Erwartungen und Bedingungen wirken
wie eine undurchdringliche Mauer
für die wahre, bedingungslose Energie der Liebe.

Niemals wird sie Sie so erreichen, denn was Sie ausstrahlen, erhalten Sie zurück. Wenn Sie etwas Bestimmtes im Leben haben möchten, müssen Sie es zuallererst geben ohne irgendwelche Erwartungen. Das ist die einzige Liebe, die wirklich existiert.

Ohne Liebe existiert nur das Nichts. Ohne Liebe herrscht nur Traurigkeit und Hass. Liebe bringt immer Licht in diese Welt.

Liebe ist der erste Schritt zum Glück.

Dies bedeutet: Lieben Sie, und Sie werden Glück erfahren. Geben Sie Liebe, und die Liebe wird mit all ihrer Kraft, Energie und Weisheit zu Ihnen fließen und Sie umhüllen, schützen und tragen. Wahre Liebe gibt nur die Seele.

Loslassen

Immer wieder müssen wir in diesem Leben loslassen.

Vielen Menschen fällt dies nicht leicht, besonders das Loslassen von Verstorbenen und Menschen, die aus anderen Gründen aus unserem Leben verschwinden. Wir müssen Gegenstände, die zerstört oder verloren gegangen sind, genauso loslassen wie Dinge, die wir uns nicht mehr leisten können.

**Viele Menschen kommen in unser Leben
und gehen wieder aus unserem Leben.**

Einen gewissen Teil gehen wir mit ihnen gemeinsam, aber mit den meisten von ihnen keine Ewigkeit. Haustiere begleiten uns eine Zeit lang, dann müssen sie uns wieder verlassen. Lieblingskleidung zerschleißt irgendwann und muss durch neue Kleidung ersetzt werden. Wohnorte, die einst unser Zuhause waren, müssen wegen Berufswechsel oder anderer Gründe wieder verlassen werden. Pflanzen, die wir lieben, gehen kaputt.

Alles kommt und geht in unserem Leben.

Nichts ist von Dauer. Nur die Veränderung bleibt.

Daher ist das Loslassen eine der wichtigsten Fähigkeiten, die wir lernen müssen. Wir sind gezwungen, dies zu akzeptieren, denn sonst erfahren wir unheimlich viel Leid in diesem Leben.

**Das Festhalten an den falschen Dingen
bedeutet einen enormen Energieverlust.**

Menschen, Tiere, Pflanzen und Gegenstände sind immer nur Wegbegleiter. Wir müssen sie lieben, achten und ehren, solange sie für uns da sind. Doch irgendwann müssen sie wieder aus unserem Leben verschwinden, damit Platz für Neues frei wird. Wenn unsere Eltern eines Tages sterben, dann machen sie Platz für unsere Kinder und Enkelkinder, und auch wir machen eines Tages Platz für unsere Nachfahren. Genießen Sie daher jeden Augenblick, denn niemals wird er in gleicher Form wieder erscheinen. Es fällt schwer, sich vorzustellen, dass die Zukunft ganz anders sein wird als es in diesem Moment vielleicht den Anschein machen mag. Bei vielen Ereignissen, Gegebenheiten und Situationen meinen wir, sie hätten

Bestand, doch wenn man zurückblickt, erkennt man, wie viele Dinge sich geändert haben.

Halten wir nun krampfhaft an Situationen, Menschen oder Gegenständen fest, dann erschaffen wir ein massives Energieleck in unserem System. Durch unser Festklammern fließt unsere Lebenskraft zu dem, was eigentlich schon nicht mehr bei uns ist. Wir schicken in diesem Moment des versuchten Wiederherstellens der Vergangenheit eine riesige Menge Energie dorthin – Energie, die uns an anderer Stelle fehlt.

Die Vergangenheit bleibt Vergangenheit, und die Gegenwart ist Gegenwart.

Leben Sie im Hier und Jetzt, und lassen Sie die Dinge gehen, wenn der Zeitpunkt dafür gekommen ist.

Stecken Sie in nichts Verlorenes Ihre Kraft und Energie. Es kann zu nichts führen, nur zu Ihrer grenzenlosen Erschöpfung.

Seien Sie offen für die schönen Dinge, Ereignisse und lieben Menschen, die in Zukunft in Ihr Leben treten.

Verweilen Sie niemals im Vergangenen, denn es lässt Sie die Schönheit des Augenblicks verpassen.

Sie werden dann nicht erkennen, was Sie in diesem Moment an Reichtum und Glück in Ihren Händen halten. Sie werden nicht schätzen, was um Sie herum geschieht.

Jeder einzelne Augenblick ist für Sie persönlich erschaffen worden, erschaffen von Ihrer Seele und erschaffen von dieser wunderbaren Welt, die sich nur für Sie persönlich dreht.

Alles, was Sie in diesem Augenblick brauchen, ist für Sie da.
Alles andere brauchen Sie nicht wirklich,
denn alles, was in Ihrem Leben zählt, ist das Jetzt.

Tiere

Tiere verschwenden niemals ihre Energie.
Dies tun nur Menschen.

Tiere achten auf ihre Kräfte. Bei jeder sicheren Gelegenheit ruhen sie sich aus. Sie sorgen für neue Kraft und Erholung, um für den nächsten Kampf gewappnet zu sein. Selbst Haustiere nutzen jede Möglichkeit, Kräfte zu tanken und Geist und Körper zu regenerieren.

Jeder Kampf eines Tieres ist eine instinktive Handlung. Sie jagen, weil sie Beute suchen, um sich und ihre Jungen zu ernähren. Sie jagen normalerweise nicht aus reiner Lust am Töten, es sei denn, der Mensch hat sie dazu gebracht. Tiere hören sofort mit dem Kampf auf, wenn sich der Gegner unterwirft. Sie quälen und ärgern ihre Artgenossen nicht aus reiner Lust.

Tiere wittern jede schlechte Energie
und gehen ihr möglichst aus dem Weg.

Tiere können uns vieles über Instinkte, Bewusstsein und Energie lehren.

Tiere sind gute Vorbilder im Leben,
denn sie gehen stets den direkten Weg,
ohne Sackgassen zu betreten.

Liebe, Sicherheit, Wärme und Futter sind ihre Hauptbedürfnisse. Sie richten ihr Leben stets nach diesen Bedürfnissen aus. Gleichzeitig sind viele zahme Tiere eine Quelle an wahrer und bedingungsloser Liebe. Aus diesem Grund sind sie die perfekten Energielieferanten.

Tiere geben ihren Besitzern alles, wenn sie nur ein bisschen Zuneigung dafür zurückbekommen. Tiere sind dabei aber auch immer ehrlich. Sie lügen nicht und sind niemals hinterhältig. Tiere leben ein Leben mit besten Voraussetzungen für einen guten Energiefluss. Hält ein Mensch sich in ihrer Gegenwart auf, dann lieben, trösten und begeistern sie den Menschen.

Hobbys

Beschäftigungen, die Freude und Spaß bereiten,
sind ebenfalls gute Energielieferanten.

Dies bedeutet jedoch, dass Freizeitbeschäftigungen, zu denen Kinder aus Ehrgeiz der Eltern gezwungen sind, hier nicht dazugehören – im Gegenteil: Alles, was nur aus Pflichtbewusstsein getan wird und in Wirklichkeit den eigenen, inneren Vorstellungen widerspricht, entzieht eine Unmenge an Energie. Viele Kinder müssen den Wünschen ihrer Eltern entsprechen und Höchstleistungen vollbringen, sodass sie kaum mehr Freizeit haben. Dies ist sehr schädlich, denn gerade als Jugendlicher braucht der Mensch besonders viel Energie und Kraft, um den körperlichen und psychischen Wandel vom Kindsein zum Erwachsenenalter gut zu verdauen.

**Kinder sollten immer ausreichend Freizeit haben,
die sie nach ihren Wünschen gestalten können.**

Vielen Kindern macht schon die Schule wenig Spaß, wodurch sie gezwungen sind, viel Zeit mit unliebsamen Beschäftigungen zu verbringen. Nachmittags und am Wochenende sollte daher ein Ausgleich stattfinden, damit sich die Kinder richtig entwickeln können. Ansonsten besteht die Gefahr, dass der Mensch – nur aus Angst davor, seine Eltern zu enttäuschen und ihren Erwartungen nicht gerecht zu werden – bereits im Kindes- und Jugendalter von seinem Lebensweg abkommt.

Sichere Zeichen, dass irgendetwas falsch läuft, sind häufige banale Verletzungen oder Erkrankungen, die Kinder vorgeben, um sich vor dem erzwungenen »Hobby« zu drücken. Diese wiederkehrenden Alarmsignale sollten unbedingt ernst genommen werden.

**Eltern sollen ihre Kinder unterstützen und fördern,
aber niemals überfordern.**

Wenn einem ein Hobby irgendwann keinen Spaß mehr macht, sollte man es nicht länger ausüben. Sicherlich muss man auch einmal seinen inneren Schweinehund überwinden, etwa noch Sport zu treiben, wenn man abends müde ist. Dies ist hier nicht gemeint, denn auch das schönste Hobby macht nicht immer gleich viel Freude.

Wenn sich jedoch das Innere immer mehr sträubt,
wenn man nur an das »Hobby« denkt,
dann verliert man nur unnötigerweise Energie
anstatt neue Energie zu tanken.

Wie bereits erläutert, ist nichts im Leben von Bestand außer der Veränderung. Dinge, die vor vielen Jahren Freude gemacht haben, müssen es heute nicht mehr. Dafür mag es etwas anderes geben, das einen inspiriert und glücklich macht.

Ausbruch aus dem Alltag

Der Alltag kann einen völlig fertig machen. Er kann uns den letzten Nerv kosten, sämtliche Kraft und Energie, um in diesem Leben Erfolg zu haben und seine Lebensziele zu erreichen.

Der Alltag kann der Energiekiller schlechthin sein.

Der Alltag ist immer wieder gleich. Er ist manchmal einfach nur langweilig – immer wieder derselbe, ein Tag gleicht dem anderen, eine Woche der nächsten, ein Monat dem folgenden und jedes Jahr dem weiteren. Doch der Alltag bildet unsere Hauptlebenszeit. Wir können ihm nicht wirklich entkommen, doch wir müssen aufpassen, dass er uns nicht gänzlich energiearm macht.

**Menschen, die zum Perfektionismus neigen,
sind besonders anfällig dafür,
ihre Energie im Alltag zu verlieren.**

Sie gönnen sich oft zu wenig Ruhe, um Körper, Geist und Seele
wieder in Einklang zu bringen. Stattdessen hetzen sie durch den
Tag, sehen alles, was noch zu tun ist, und können sich schlecht ent-
spannen. Jeden Tag läuft ihnen die Zeit davon, und in ihren eigenen
Augen haben sie nicht genug geschafft. Dies kostet auf Dauer viel
Energie. Diese Menschen sollten im Urlaub von zu Hause wegfah-
ren, denn zu Hause würden sie nur alles Mögliche sehen, was in
ihren Augen dringend erledigt werden muss.

Kommen sie erholt von einer Reise zurück, dann geht das ganze
Spiel oft wieder von vorne los. Schließlich verfügen sie anfangs
wieder über genügend Energie und Mittel, um viel zu leisten. Doch
im Laufe der Zeit sinkt ihr Energiepegel wieder stetig. Irgendwann
funktionieren weder der Geist noch der Körper entsprechend den
ehrgeizigen Vorstellungen dieser Menschen. Dadurch steigt der
Frust in diesen Menschen, welcher wiederum den Energiepegel he-
rabsenkt. So entsteht ein Teufelskreis.

Damit Sie gar nicht erst in ein derartiges energetisches Loch gelangen, sollten sooft wie möglich Abwechslungen in den Alltag inte-
griert werden. Gehen Sie ins Theater, ins Kino, gehen Sie schön essen, fahren Sie im Sommer zum Baden oder in die Natur. Gehen Sie
spazieren, zum Kosmetikinstitut, oder machen Sie eine gemütliche
Fahrradtour. Planen Sie ein Picknick im Grünen oder ein schönes
Abendessen in den eigenen vier Wänden. Besuchen Sie ein Konzert, oder unternehmen Sie einen Kurztrip in eine fremde Stadt.

Es gibt zahlreiche Möglichkeiten, aus dem Alltag auszubrechen, auch wenn man nicht viel Geld hat.

Wichtig ist nur die Abwechslung. Tun Sie etwas Verrücktes, gehen Sie aus sich heraus. Ihren Ideen sind hier keine Grenzen gesetzt. Wichtig ist nur, dass sie regelmäßig eine Abwechslung zum Alltag suchen, sooft es möglich ist.

Müssen Sie in Ihrem Leben eine lange Stressphase durchstehen, dann planen Sie anschließend eine entsprechende Auszeit ein, sonst brechen Sie irgendwann zusammen.

Energie ist der Schlüssel zu allem.

Machen Sie sich nicht selbst kaputt. Sie leben nicht für die Arbeit, sondern für die schönen Zeiten. Vergessen Sie niemals den Genuss im Leben, und denken Sie daran, dass Sie mit der richtigen energetischen Schwingung alles erreichen können, was Sie wollen.

Stressbewältigung

Stress ist eine der größten Tücken der heutigen Zeit.

Oft beginnt der Stress bereits im Kleinkindalter, wenn die Eltern gewisse Erwartungen an ihre Kinder haben. Besonders wenn ein oder beide Elternteile viel für ihre Kinder aufgegeben haben, sind die Erwartungen oft hoch. Spätestens mit der Einschulung sind die Kinder im Erfolgssystem der westlichen Welt angelangt und werden daher bereits in viel zu jungen Jahren massivem Stress ausgesetzt.

Im Berufsleben werden die Anforderungen ebenfalls immer höher. Nur die Besten haben auf Dauer eine Chance, ihren Arbeitsplatz langfristig zu behalten. Für alle anderen ist enorme Flexibilität gefragt. Viele Arbeitnehmer müssen ständig ihren Firmensitz und damit ihren Wohnort wechseln, oft auch eine gewisse Zeit im Ausland verbringen. Dies sind nicht gerade ideale und stressfreie Voraussetzungen für eine Familie.

Wenn dann der Nachwuchs da ist, tappen die frisch gebackenen Eltern ebenfalls in den Teufelskreis aus Stress ertragen und weiteren Stress verursachen, schließlich wollen sie für ihre Kinder die besten Voraussetzungen schaffen. Und schon beginnt sich das Rad von Neuem zu drehen.

**Immer tiefer wird der Mensch in den endlosen Kreislauf
aus Stress hineingezogen,
bis kein Ausweg mehr gesehen werden kann
und die Akkus völlig leer sind.**

Ursprünglich war das Stresssystem im Körper etwas Sinnvolles. Bei drohender Lebensgefahr diente es dazu, schnell viel Energie verfügbar zu machen und so schnelle Reaktionen sowie Höchstleistungen zu ermöglichen. Im menschlichen Körper werden dafür bestimmte Botenstoffe freigesetzt, wodurch sich die Verteilung des Blutes und Sauerstoffs im Körper ändert. Die Durchblutung des Vorderhirns und der Großhirnrinde werden reduziert, um lebenserhaltende Reflexe nicht durch bewusstes, willentliches Handeln zu behindern. Ebenso sinkt die Durchblutung der Verdauungs- und Ausscheidungsorgane zugunsten der Körpermuskulatur. Das Immunsystem wird durch die Stressaktivierung ebenso unterdrückt.

Können Sie sich ausmalen, was im Körper eines Menschen, der ohne akute Lebensgefahr unter Dauerstress steht, passiert? Meist hält das Immunsystem während dem Hochleistungsstress noch durch, um bei der geringsten Ruhepause vollkommen in sich zusammenzubrechen. Daher werden Menschen, die unter extremer Anspannung stehen, oft am Wochenende oder im Urlaub krank. Der Körper kann dann keine Kraft schöpfen, um den nächsten Stressphasen gewachsen zu sein. Gleichzeitig ist durch den ständigen Stress das bewusste und willentliche Handeln behindert. Dies bedeutet im Klartext, dass die Konzentrationsfähigkeit stark eingeschränkt ist und diesen Menschen daher leichter Fehler unterlaufen. Dies wiederum erhöht den Stress, was zu einem Teufelskreis führt.

Ziehen Sie rechtzeitig die Bremse. Machen Sie sich einen Plan, in dem Sie für jeden Tag zumindest ein paar Minuten Ruhe einplanen. Zweimal in der Woche sollten Sie für eine längere Erholungsphase sorgen. Setzen Sie sich dann nicht vor den Fernseher oder an den Computer, sondern sorgen Sie für wirkliche Erholung.

**Wenn Sie durch Stress völlig erschöpft sind,
brauchen Sie für Ihr tägliches Pensum an Aufgaben viel mehr Zeit,
als wenn Sie für ausreichende Ruhephasen sorgen,
in denen Sie Energie tanken.**

Sie werden bemerken, dass Sie vielleicht anfänglich einiges an Aktivitäten zugunsten der Ruhepausen zurückschrauben müssen, aber dennoch mehr schaffen als zuvor.

**Ob Sie gestresst sind oder nicht, liegt nur an Ihnen selbst,
denn Sie tun sich selbst den Stress an.**

Sie selbst erschöpfen sich und laugen sich aus. Niemand anderes tut dies. Auch wenn die Umstände schwierig erscheinen mögen, ist es doch immer nur Ihre Betrachtungsweise und Ihre mangelnde Energie, die das Schlechte in Ihr Leben zieht.

Mit vollen Energiereserven schaffen Sie alles, mit leeren nichts.

Sie müssen nicht vor Ihrem Leben davonlaufen. Stellen Sie sich Ihrer Situation. Werfen Sie unnützen Ballast ab, und lernen Sie, Nein zu sagen. Machen Sie sich nicht selbst kaputt. Niemand wird es Ihnen danken, denn wenn Sie nicht mehr funktionieren, nützt das niemandem etwas. Niemand weiß Ihre Aufopferung zu schätzen, aber Ihre Seele weiß es zu schätzen, wenn Sie sie ehren und pflegen. Sie weiß es sehr wohl zu schätzen, wenn Sie auf Ihre innere Stimme achten und hören. Sie sollen jetzt nicht in das andere Extrem verfallen und nichts mehr tun und nur darauf warten, dass Ihnen alles zufließt.

**Ihre Aktion ist nach wie vor gefragt,
aber nur die Aktion, nicht die Überforderung.**

Schalten Sie einen Gang herunter, wenn Sie bemerken, dass Sie völlig überlastet sind. Egal was Sie gerade tun, machen Sie es etwas langsamer. Es wird dadurch nicht nur leichter, sondern insgesamt auch schneller gehen.

**Bekämpfen Sie akuten Stress
durch vorübergehende Langsamkeit.**

Diese Maßnahme führt sofort zu einer Verbesserung Ihres Energieflusses. Sie unterbrechen dadurch die Stressbahnen, die Sie sonst immer nach demselben Schema durchlaufen, ohne dass Sie es schaffen abzuzweigen. Durch die Langsamkeit wird Ihr Kopf klarer. Somit können Sie leichter bewusst handeln. Das langsame Agieren ist nicht schwer. Es ist die gleiche Bahn, die Sie durchlaufen, nur eben in einer langsameren Geschwindigkeit.

Energie erleuchtet unsere Welt

Im Leben ist man mit allem verbunden,
mit dem Guten und mit dem Schlechten. Alles ist Teil unseres Selbst.

Sie haben nun viele Seiten über Energie im menschlichen Leben und über Energie als Grundlage des Lebens gelesen. Sie wissen nun, welchen Einfluss Energie auf jedes einzelne Leben hat. Sie wissen, wie Sie an mehr Energie kommen, und Sie wissen auch, wie Sie sich vor Energieverlusten schützen können. Sie wissen nun eine ganze Menge zum Thema Energie. Doch dies bedeutet nicht, dass Sie niemals mehr Energiedefizite erleiden können.

Das menschliche Leben ist ein Auf und Ab. Es gibt gute und schlechte Tage. Und es gibt in jedem Leben Dinge, die einen völlig aus der Bahn werfen und damit auch für einen Energiemangel sorgen können. Dies ist ganz normal, denn das Leben besteht immer aus zwei Perspektiven. Es gibt niemals nur das Oben, aber daher auch niemals nur das Unten. Wir können nicht immer zu einhundert Prozent voller Energie durchs Leben laufen, denn immer wieder werden Angriffe kommen, die uns energetisch in den Keller ziehen. Dafür sind wir alle viel zu sehr Mensch und unseren Gefühlen und Empfindungen unterworfen. Wir können in vielen Situationen nicht einfach wie ein Betrachter neben dem Bild stehen und so tun, als ginge uns das Ganze überhaupt nichts an. Wir sind Teil der Situationen, und damit sind wir auch energetisch mit Menschen, Gegebenheiten und Aktionen verbunden, die uns absolut nicht gefallen.

Doch jedes Mal, wenn uns etwas nicht gefällt, senkt dies unseren Energiepegel. Es arbeitet in uns. Es beschäftigt uns, und es berührt uns. Es ist ein Teil von uns, auch wenn wir versuchen, es abzustreiten.

Es scheint niemals nur die Sonne, denn auch der Mond hat seine Berechtigung. Und so wie Agieren richtig ist, so ist auch die Ruhe notwendig. Wir Menschen haben ein Innen und ein Außen, doch beides gehört zu uns. Beides ist Teil unserer Welt.

Wir sind dazu in der Lage, durch unser Innen das Außen zu beeinflussen, genauso wie das Außen uns innen beeinflusst.

Doch diese Tatsache vergessen viele Menschen. Sie meinen, wenn sie dies tun, wird jenes passieren, doch manchmal kommt auch alles ganz anders. Wir können es niemals schaffen, egal wie viel wir wissen und lernen, immer die optimalen menschlichen Bedingungen für uns zu erschaffen. Dafür ist der einzelne Mensch einfach viel zu klein. Dafür ist er ein viel zu kleines Rädchen in dem Gebilde des Universums. Doch dies geschieht auch nur in unserem eigenen Interesse. Es wäre nicht gut für uns, wenn wir in einem perfekten Kokon leben würden, wo alle Dinge wie im Gefühlsschlaraffenland sind. Wir würden uns dadurch nämlich zurückentwickeln und aufhören, Persönlichkeiten zu sein. Wir würden dadurch verlernen, was es heißt, ein Mensch zu sein, ein Mensch mit Höhen und Tiefen, ein Mensch mit Ecken und Kanten, mit Gefühlen und Empfindungen, mit Vorstellungen und Wünschen.

**Wir würden nur noch wie hohle Statuen
mit einem eingefrorenem Gesichtsausdruck im Leben stehen,
ohne dass irgendjemand unsere Schönheit betrachten würde.**

Denn jeder Mensch würde nur noch sich selbst sehen. Jeder Mensch hätte die »perfekte« Welt und würde damit aufhören zu leben.

Der Energiepegel kann nicht immer gleich hoch sein, und die Welt kann nicht immer nur einfach sein. Alles ist Schwankungen unterworfen, und es ist unsere Herausforderung, uns wieder aufzuraffen, uns energetisch auszugleichen und wieder zu den Sonnenseiten des Lebens zu gelangen.

Je besser wir unsere Energie im Griff haben, desto leichter fällt es uns, aus dem Schatten zu gelangen.

Erwarten Sie nicht, dass alles immer Ihren Vorstellungen entspricht, denn Sie sind nicht allein auf dieser Welt, und andere Menschen haben andere Ideen, die Ihre Erwartungen stören könnten. Doch seien Sie gewiss, dass die Rückschläge nicht dazu da sind, Sie in die Knie zu zwingen, sondern sehen Sie sie als Chance an, wieder aufzustehen.

Sagen Sie Ja zum Leben, sagen Sie Ja zu Ihren Prüfungen, sagen Sie Ja zu allen Herausforderungen.

Es gibt nicht das perfekte Leben. Es gibt niemals nur Glück. Es gibt nur die Möglichkeit, das Leben anzunehmen wie es ist, mit all seinen Herausforderungen.

Das Leben ist schön. Das Leben ist einfach. Das Leben ist voller Energie, Glück und Liebe, wenn Sie nur immer daran glauben, wenn Sie nach jeder Niederlage aufstehen und das Schöne sehen, nicht das Schlechte, das hinter Ihnen liegt. Sehen Sie nach vorne.

Betrachten Sie die Welt, wie sie wirklich ist.

Unser Universum ist ein Wunder der Natur.
Das Leben ist unsere größte Aufgabe
und Energie unser bestes Kapital.

Bleiben Sie immer authentisch, genießen Sie alles Schöne dieser Welt, und seien Sie gewiss, dass, wenn es gerade nicht so gut läuft, um die nächste Ecke ein positives Wunder auf Sie wartet. Ihr Leben ist wundervoll, es ist einzigartig, es ist Ihre Fahrkarte zum Glück.

Genießen Sie jede gute Gegebenheit, strahlen Sie vor Energie,
beleuchten Sie die Welt durch Ihre gute Ausstrahlung.

So können Sie dazu beitragen, dass unsere Welt besser und schöner wird für jedermann, dass unsere Welt ein Ort des Friedens, des Glücks und der Liebe wird.

Senden Sie liebevolle Energie,
und erleuchten Sie damit unsere gesamte Welt.

Ich wünsche Ihnen viel gute Energie, alles Liebe und alles Glück der Welt.

Literaturhinweise

Arntz, William / Chasse, Betsy / Vicente, Mark und Seidel, Isolde: *Bleep: An der Schnittstelle von Spiritualität und Wissenschaft: Verblüffende Erkenntnisse und Anstöße zum Weiterdenken*, Vak Verlag 2007.

Bek, Lilla und Pullar, Philippa: *Chakra-Energie*, Scherz Verlag 1991.

Czarnecki, Lukas: *Die Quantenphysik*, http://www.hpwt.de/Quanten2.htm (01/2012).

Govinda, Kalashatra: *Chakra Praxisbuch*, Ludwig Verlag 2004.

Kinslow, Frank: *Quanten Heilung*, VAK Verlag 2009.

Lipton, Bruce H.: *Intelligente Zellen*, Koha Verlag 2008.

Powell, Arthur E.: *Der Astralkörper*, Aquamarin Verlag 2002.

Powell, Arthur E.: *Der Ätherkörper*, Aquamarin Verlag 2004.

Praagh, James van: *Geister sind unter uns*, Ansata Verlag 2008.

Sagan, Samuel: *Tor zu inneren Welten*, Schirner Verlag 2004.

Tepperwein, Kurt: *Perlen der Weisheit, Der große Tepperwein*, Arkana 2009.

Danksagung

Ich möchte mich ganz herzlich bedanken bei Heidi und Markus Schirner für ihr Vertrauen in mich, bei Sandra Frey, meiner lieben Lektorin, mit der es Spaß macht zusammenzuarbeiten, bei allen anderen Mitarbeitern des Schirner Verlags, die viel Arbeit im Hintergrund leisten, bei meinem Mann und meinen beiden Jungs für die viele Unterstützung und Liebe, bei allen Menschen, die mich herausgefordert haben im Leben und dafür gesorgt haben, dass ich heute so bin, wie ich bin.

Und ganz besonders bedanken möchte ich mich bei all meinen Lesern!

Über die Autorin

Nathalie Schmidt arbeitete als examinierte Krankenschwester. Durch diesen Beruf kam sie intensiv mit Leben und Tod in Kontakt und setzte sich damit auseinander. Sie erkannte dabei den Zusammenhang zwischen Energie und menschlichem Leben und beschäftigt sich seit 1996 eingehend mit diesem Thema. Sie absolvierte die Ausbildung zur Reiki-Therapeutin und gibt seither regelmäßig Reiki-Behandlungen sowie Coaching-Sitzungen.

Weitere Informationen unter: www.energie-lebensberatung.de

Ebenfalls erschienen im  Schirner Verlag

www.schirner.com

Nathalie Schmidt

Energie
Grundlage des Lebens
Von grundlegenden Energiezentren
bis zu Energieräubern

200 Seiten

ISBN 978-3-8434-1054-0

Energie, Energie, Energie

Energie betrifft alle, sie ist die Basis allen Seins. Ohne sie kann nichts existieren.

Doch was ist Energie überhaupt?

Dieses erste von zwei Grundlagenbüchern erklärt alle Aspekte von Energie umfassend und verständlich: Welche Energiestrukturen gibt es? Welchen Einfluss hat Energie auf das Leben? Und wie viel davon braucht der Mensch, um ein glückliches und zufriedenes Leben führen zu können?

Nathalie Schmidt hat sich beruflich sehr intensiv mit Leben und Tod auseinandergesetzt und Energie in all ihren Erscheinungsformen beobachten können. Nun teilt sie ihr Wissen und ermöglicht es dem Leser, auf die Suche nach seiner eigenen Energie zu gehen und dadurch seinen persönlichen Energiehaushalt zu optimieren.

Stefanie Menzel

Heilenergetik
Die eigene Aura stärken
Das Leben bewusst gestalten

300 Seiten

ISBN 978-3-89767-802-6

Als menschliches Wesen bestehen Sie zum einen Teil aus Ihrem physischen Körper, der weitaus größere Teil besteht jedoch aus einem Energiefeld, der Aura. Die Aura versorgt Ihren Körper mit Leben und Bewusstsein und verbindet Sie mit Ihren Mitmenschen und mit den natürlichen Abläufen des Lebens. Heilenergetik erklärt, wie die Kraft dieses Energiefeldes Ihre Stellung im Leben prägt! Ihre sozialen Kontakte, Ihr Erfolg im Beruf, Ihre Beziehung zu Geld, Ihr Ansehen, Ihr Einfluss, Ihre Macht und Ihre Ausstrahlung werden von der Kraft Ihres Energiefeldes, von der Kraft Ihrer Aura geprägt. Alle Verletzungen und negativen Emotionen Ihres bisherigen Lebens sind in Ihrer Aura gespeichert und vermindern den Fluss Ihrer Lebensenergie. Dies führt zu emotionaler Leere, Blockaden und körperlichen Krankheiten.
Lebensglück und Gesundheit hängen entscheidend mit einer aufgeladenen Aura zusammen!

Aldo Berti

Geistheilung und Energiearbeit
Basiswerk der energetischen Medizin

224 Seiten

ISBN 978-3-89767-214-7

Nach einigen Jahren der Arbeit, besonders mit sogenannten »aus-
therapierten« Patienten, die mithilfe von Aldo Bertis Methode wieder zu neuer Lebensqualität zurückgefunden haben und in vielen
Fällen auch völlige Ausheilung erleben durften, wurde die Frage
immer häufiger: »Wie funktioniert Ihre Arbeit, was ist Aura, was
sind Chakren, wo kann ich darüber etwas lesen?« Darum ent-
schloss sich A. Berti, dieses Grundlagenwerk über seine Arbeit zu
verfassen. Die in diesem Buch beschriebenen Dinge hat er selbst
erfahren und gibt sie auch in seinen Vorträgen und Seminaren weiter. Er schreibt
über Energie und Materie, über Aura, Chakren, Farblehre, Geistwe-
sen und vieles mehr.
Im praktischen Teil schreibt er über Visualisierungen, Meditationen
und die Technik der Energiearbeit. Ihm ist es gelungen, die ver-
schiedenen Aspekte der energetischen Arbeit umfassend, logisch
und gut verständlich darzustellen.

Barbara Arzmüller

Das Licht der Farben und Chakren
Aufbauende, reinigende und energetisierende
Meditationen

240 Seiten

ISBN 978-3-8434-3007-4

Bringen Sie Farbe in Ihr Leben! Warum? Ganz einfach: Farben wirken auf unsere Chakren und damit auch auf unsere Seelenstim-
mung.
Probieren Sie es einmal aus. Wickeln Sie sich in eine grüne Decke,
wenn Sie sich unausgeglichen, traurig oder genervt fühlen. Sie werden sehen, schon bald wird innere Ruhe Sie erfüllen.
Rot, Orange, Gelb, Grün, Hellblau, Dunkelblau, Violett – erfahren
Sie, wie Sie mit diesen Farben und einfachen Übungen Ihre Chakren aufbauen, reinigen und energetisieren können. Nutzen Sie Farben gezielt für sich: Stärken Sie Ihre Entscheidungskraft, entfalten
Sie ein gesundes Einfühlungsvermögen, entdecken Sie Ihre Aus-
drucksfähigkeit oder entwickeln Sie das Gefühl geistiger Klarheit.
Tauchen Sie ein in eine faszinierend bunte Welt – entdecken Sie den
Regenbogen in sich!

David Boadella

Befreite Lebensenergie
Einführung in die Biosynthese

260 Seiten

ISBN 978-3-89767-624-4

Wie werden die drei wesentlichen Bereiche eines Menschen inte-
griert: die körperliche Existenz, die psychische Erfahrung und die
spirituelle Essenz? Die Biosynthese-Therapie hat ein breites Spek-
trum an bewährten Methoden entwickelt, um dies möglich zu
machen und dabei die Lebensenergie zu befreien. Die von David
Boadella begründete Biosynthese ist eine anerkannte, ganzheitliche
Körperpsychotherapie. Sie ist Ressourcen orientiert und wird welt-
weit praktiziert. Boadella, der als einer der besten Therapeuten unserer Zeit gilt, fasst in diesem Buch seine über 50-jährige Erfahrung
zu einem richtungsweisenden Modell von Krankheitsentstehung
und Therapie zusammen.
Dieses vielschichtige Werk ist in zehn Sprachen erschienen. Es enthält zahlreiche Fallbeispiele und wertvolle Anregungen. Eine faszi-
nierende und bereichernde Lektüre für Laien wie für Therapeuten
verschiedenster Schulen.